Une société désirable

Du même auteur

Qu'est-ce que la richesse ?, Aubier, 1999 ; « Champs », 2000.

Le Travail. Une valeur en voie de disparition ?, Aubier, 1999 ; « Champs », rééd. 2021.

Le Temps des femmes. Pour un nouveau partage des rôles, Flammarion, 2001 ; « Champs », 2002.

Le Travail, PUF, « Que sais-je », 2004 ; rééd. 2022.

Faut-il brûler le modèle social français ?, avec A. Lefebvre, Seuil, 2006.

Le Deuxième Âge de l'émancipation. La société, les femmes et l'emploi, Seuil, 2007.

Au-delà du PIB. Pour une autre mesure de la richesse, « Champs », 2008.

L'Emploi en ruptures, avec B. Gomel et É. Serverin (dir.), Dalloz, 2009.

La Mystique de la croissance. Comment s'en libérer, Flammarion, 2013 ; « Champs », 2014.

Réinventer le travail, avec P. Vendramin, PUF, 2013.

L'Âge de la transition, avec D. Bourg et A. Kaufman (dir.), Les Petits Matins, 2016.

Vers une société post-croissance, avec I. Cassiers et K. Maréchal (dir.), L'Aube, 2016 ; rééd. 2024.

Faut-il attendre la croissance ?, avec F. Jany-Catrice, La Documentation française, 2016 ; « Doc' en poche », 2022.

Une autre voie est possible. Vers un modèle social-écologique, avec É. Heyer et P. Lokiec, Flammarion, 2018, « Champs », 2020.

Les Nouveaux Travailleurs des applis, avec S. Abdelnour, PUF, 2019.

Le Manifeste travail : démocratiser, démarchandiser, dépolluer, avec J. Battilana et I. Ferreras, Seuil, 2020.

C'étaient les années Macron, « Champs », 2022.

Dominique Méda

Une société désirable

Comment prendre soin du monde

Flammarion

france culture

ISBN : 978-2-0804-6919-9

Préface

Ces dernières années, les élections ont rendu pleinement visible le mal-être d'une partie de nos concitoyens dont les votes se sont largement portés sur les partis d'extrême droite. Les explications de cette situation sont nombreuses. Selon certains auteurs [1], nombre de ces électeurs seraient racistes, et ne supporteraient pas ou plus celles et ceux qui ne sont pas comme eux et les empêchent d'être « chez eux ». Ce racisme est supposé recouvrir toute une gamme d'opinions diversifiées, allant de la pure haine de celles et ceux qui sont différents au rejet de pratiques culturelles et religieuses qui semblent incompatibles avec les valeurs occidentales.

1. Félicien Faury, *Des électeurs ordinaires. Enquête sur la normalisation de l'extrême droite*, Seuil, 2024.

D'autres analystes ont tenté d'expliquer la montée de cette vague populiste en pointant l'usage pervers des réseaux sociaux : des entrepreneurs culturels, capables de surfer habilement sur la rage des électeurs potentiels, souffleraient sur les braises des passions tristes[1].

Non exclusives l'une de l'autre, ces justifications convaincantes ont pour point commun de relativiser les racines de la colère[2], c'est-à-dire les situations concrètes qui forment le terreau de l'exaspération dont profitent les démagogues en tout genre comme on l'a vu précisément lors de la campagne électorale américaine récente. L'élection de Donald Trump en novembre 2024 a prouvé que les questions du travail et de l'emploi sont centrales. C'est précisément sur celles-ci que je voudrais insister dans les pages qui suivent. L'état de rage est rarement spontané et n'advient la plupart du temps que pour des raisons ou dans des situations précises. Je reviens donc, dans les réflexions que l'on va lire, sur les causes du sentiment de dégradation des conditions de vie que disent éprouver nos concitoyens, et sur les change-

1. Giuliano da Empoli, *Les Ingénieurs du chaos*, JC Lattès, 2019.

2. Une allusion au beau livre éponyme de Vincent Jarousseau, paru aux Arènes en 2019.

ments économiques, sociaux et politiques concrets qui sont à son origine. Je pointe notamment l'importance du basculement idéologique qui s'est opéré dans les années 1980.

L'un des changements majeurs est la globalisation des économies. L'expansion illimitée de la notion de compétitivité dans le discours politique à partir des années 1980, l'appel à la responsabilité individuelle et aux devoirs plus qu'à la solidarité et aux droits, la stigmatisation des chômeurs vus comme des fraudeurs ou des paresseux, la reconsidération des protections et des règles comme des entraves, ont émaillé le processus de remise en cause de l'État-providence en Occident tout au long des quarante dernières années.

Le sociologue François-Xavier Merrien a décrit les caractéristiques clés des deux configurations institutionnelles entre lesquelles le basculement s'est opéré. À la sortie de la Seconde Guerre mondiale est édifié le consensus de Philadelphie, dénommé ainsi en écho à la Déclaration de Philadelphie, adoptée en mai 1944 par la Conférence générale de l'Organisation internationale du travail. Selon Merrien, les principes qui forment le soubassement de cette vision du monde sont les suivants : les individus sont des êtres peu prévoyants qui courent des risques sociaux collectifs et sont susceptibles de devenir des victimes, d'où la nécessité de mettre en place des règles les protégeant contre eux-mêmes et une protection sociale leur permettant d'affronter sereinement les aléas de l'existence. Le cœur de la société est constitué par l'opposition entre patrons et syndicats. Le développement de la société salariale est inexorable et la protection sociale doit donc être adossée au travail salarié. L'État poursuit l'intérêt général. Les agents de l'État sont désintéressés. L'État corrige les défaillances du marché. La conception de l'économie est keynésienne. Les dépenses publiques – notamment sociales – sont bonnes pour la croissance et pour l'emploi.

Quarante ans plus tard, dans les années 1980, est forgé le consensus de Washington, dénommé ainsi parce qu'il a été porté par les institutions financières internationales dont le siège est à Washington. Il est en tout point opposé au précédent. Il postule que les citoyens sont des êtres rationnels et responsables procédant à des calculs d'opportunités, auxquels il faut permettre de faire des choix rationnels. La société n'est plus constituée de classes mais d'individus. La politique publique doit aider les défavorisés à obtenir leur autonomie. Les autres doivent s'assurer de manière volontaire. Le marché est le meilleur moyen d'allocation des richesses : la croissance profite à tous. Il suffit de libérer les forces du marché pour que se créent la richesse et l'augmentation du niveau de vie. Les élites politiques et administratives ont tendance à abuser de leurs positions. Les institutions privées sont plus efficaces et moins corrompues que les institutions publiques. Il faut privatiser les entreprises et les institutions publiques. Dans le domaine de la protection sociale, il s'agit de privilégier l'assurance privée et de développer la concurrence chez les prestataires de services.

La configuration intellectuelle change ainsi drastiquement. Les économistes Friedrich Hayek et Milton Friedman contribuent à construire la nouvelle doxa. On verra dans les pages qui suivent combien Michel Foucault a incroyablement saisi les transformations intellectuelles de cette période, dont il décrit les prémices dès les années 1970, en particulier dans les cours qu'il consacre à l'émergence puis à la diffusion du néolibéralisme[1]. J'y rappelle aussi grâce à quels acteurs et de quelles manières les idées ont circulé, et à quelle vitesse, à quels degrés, avec quelles variations elles ont été appropriées et acclimatées dans les différents pays occidentaux. Je regarde l'effet

1. Michel Foucault, *La Naissance de la biopolitique. Cours au Collège de France (1978-1979)*, Seuil, 1979.

que ces idées ont produit sur les politiques économiques et sociales, le rôle des entreprises, les conditions de vie et de travail des individus.

Il semble bien aujourd'hui que les excès du néolibéralisme – qui est la forme qu'a prise le capitalisme ces quarante dernières années en Occident – aboutissent aux mêmes catastrophes que celles annoncées en 1944 par l'économiste Karl Polanyi dans la *Grande Transformation*[1] : attaquées par l'expansion illimitée du « marché autorégulateur », les sociétés en mal de protection n'hésitent plus à se jeter dans les bras des régimes totalitaires. Mise en coupe réglée parce qu'elle est devenue une marchandise, la nature se défait, à l'instar des sociétés humaines. La montée des régimes autoritaires partout en Occident, qui se manifeste par des votes de plus en plus nombreux en faveur des partis d'extrême droite, est évidente, de même que l'effondrement du vivant sous la pression d'un changement climatique provoqué par une activité humaine déréglée.

La mondialisation n'a fait qu'exacerber le processus de destruction des conditions de vie sur terre et accélérer le dérèglement climatique. Les climatologues ont redoublé de mises en garde ces dernières

1. Karl Polanyi, *La Grande Transformation*.

années : ils alertent sur le fait que la situation est désormais extrêmement dangereuse pour l'ensemble de l'humanité et que leurs pires prévisions sont actuellement dépassées. Le réchauffement pourrait selon eux excéder les 4 degrés dans un avenir peu éloigné. Les points de basculement climatiques – ces seuils critiques qui, une fois atteints, conduisent à des changements de grande ampleur irréversibles – pourraient être franchis dans un futur très proche. Certains de leurs travaux remettent en cause les scénarios conçus par les économistes et dénoncent le fait que les modèles d'équilibre général, largement utilisés pour estimer les impacts économiques, contiennent un certain nombre d'hypothèses simplificatrices qui ne sont pas valables dans le monde réel. Modéliser les risques physiques et de transition sur la base de données passées revient à regarder en arrière depuis le pont du *Titanic* le soir du 14 avril 1912 et à prédire un passage sans encombre vers New York parce qu'aucun iceberg n'a encore été heurté, écrit ainsi une équipe de climatologues emmenée par le scientifique Tim Lenton dans un rapport récent [1].

1. Sandy Trust, Sanjay Joshi, Tim Lenton et Jack Oliver, *The Emperor's New Climate Scenarios Limitations and assumptions of commonly used climate-change scenarios in financial services*, juillet 2023 : https://actuaries.org.uk/media/qeydewmk/the-emperor-s-new-climate-scenarios.pdf

Nous avons donc besoin d'engager d'urgence d'immenses transformations qui concernent à la fois nos visions du monde et nos politiques.

Contrairement au slogan fétiche du néolibéralisme, *There is no alternative*, il y a bien une (ou des) alternative(s), comme nous l'explicitions déjà dans notre précédent ouvrage *Une autre voie est possible* [1]. Pour l'inventer et l'emprunter, nous devons nous armer de courage et de méthode, tenter de comprendre comment se sont forgées les croyances actuelles, dévoiler leur genèse, proposer une autre voie et mettre en évidence les moyens d'opérer le basculement des représentations et des valeurs nécessaires au changement.

Pourquoi nos sociétés se sont-elles engagées dans une voie qui semble aujourd'hui sans issue ? Comprendre plus généralement pourquoi s'est opéré un changement de perspective sur la meilleure façon pour nos sociétés d'assurer la prospérité à leurs membres est urgent. C'est alors seulement que nous pourrons ouvrir les nouveaux grands chantiers. Ils sont immenses.

---

1. Éric Heyer, Pascal Lokiec et Dominique Méda, *Une autre voie est possible*, Flammarion, 2018 ; « Champs », 2020.

Changer nos représentations s'impose, pour transformer nos politiques, rediriger nos actions et engager nos sociétés dans la reconversion écologique, en particulier en ce qui concerne la façon dont nous envisageons les relations entre humains et nature. Il est temps de réencastrer les humains dans le reste de la nature, de rompre avec l'idée d'un humain transcendant autorisé à mettre la nature à son service pour satisfaire ses désirs, et de substituer au paradigme de conquête et d'exploitation de la terre par les humains un paradigme de respect, d'amour et de soin, comme le suggérait dès 1949 l'écologue Aldo Leopold.

Au XVIIIe siècle, un extraordinaire basculement des valeurs s'est produit, comme l'illustre la *Fable des abeilles* de Bernard Mandeville qui illustre l'idée selon laquelle les vices (la cupidité, le vol, l'orgueil) profiteraient aux sociétés. La tempérance, cette vertu ancestrale, tant individuelle que collective, prônée sans relâche par la philosophie grecque puis par les textes chrétiens, est soudainement devenue synonyme d'entrave à la prospérité[1]. Bien que la sobriété et la modération soient

1. « La modération, cette peste de l'industrie », est-il écrit dans ce texte, qui fit scandale lors de sa publication en 1714.

aujourd'hui moquées et considérées comme liberticides, nous devons renouer avec elles et organiser un basculement des valeurs de la même ampleur que celui qui s'est alors imposé. Comment faire ?

Nous avons besoin de récits convaincants. Il s'agit de dessiner un nouvel univers, de nouveaux rapports, de mettre en évidence les interdépendances entre les vivants, de montrer et de rendre sensible ce que serait une société sobre, sortie de l'obsession de la croissance, décidée à satisfaire les besoins essentiels de tous. Une société fondée sur la coopération [1], qui permettrait à ses habitants de respirer, de s'alimenter sainement, de retrouver des sols riches et la qualité gustative des choses, de vivre mieux, de renouer avec un travail porteur de sens.

Comment rendre un tel changement non seulement désirable mais effectif ? Comment de nouvelles représentations peuvent-elles déboucher sur le changement de valeurs nécessaires au basculement ? Si l'on considère l'exemple de la révolution scientifique, il a été démontré que les seuls écrits du philosophe Francis Bacon n'avaient pas suffi

1. Éloi Laurent, *Coopérer et se faire confiance,* Rue de l'échiquier, 2024.

à provoquer le changement intervenu entre le XVIe et le XVIIIe siècle[1] : l'intervention de ses disciples, une intense circulation d'idées et l'organisation d'une république des lettres ont été nécessaires. Il a fallu des « entrepreneurs culturels », une élite qui a permis la diffusion d'un corpus de savoirs dans la population, en imposant de nouvelles croyances et convictions sur le « marché des idées ». Les interactions entre scientifiques et inventeurs de techniques ont été déterminantes. Il a aussi fallu surmonter de nombreux obstacles et notamment oser remettre en cause le respect de la tradition et de l'autorité des Anciens. Enfin, il a été essentiel que certaines couches de la population puissent tirer bénéfice de la nouvelle situation.

Et c'est sans doute le facteur de changement le plus déterminant : susciter des passions positives et montrer aux individus qu'ils pourront tirer avantage de la transformation. Bacon et Descartes indiquaient bien qu'ils avaient pour objectifs d'améliorer les conditions de vie quotidienne. « Nous pourrions, écrivait Descartes, nous rendre comme maîtres et possesseurs de la nature. Ce qui n'est pas seulement à désirer pour l'invention

1. Joel Mokyr, *La Culture de la croissance. Les origines de l'économie moderne*, Gallimard, 2020.

d'une infinité d'artifices, qui feraient qu'on jouirait sans aucune peine des fruits de la terre et de toutes les commodités qui s'y trouvent, mais principalement aussi pour la conservation de la santé, laquelle est sans doute le premier bien et le fondement de tous les autres biens de cette vie[1]. » Il s'agissait bien de vivre mieux, de moins souffrir, de mieux lutter contre les maladies, etc. Bacon était plus précis encore quand il décrivait les avantages à retirer de la progression des sciences : « Prolonger la vie ; rendre, à quelque degré, la jeunesse ; retarder le vieillissement ; guérir des maladies réputées incurables ; amoindrir la douleur ; des purges plus aisées et moins répugnantes. » Et aussi : « Rendre les esprits joyeux, et les mettre dans une bonne disposition. »[2]

Voilà qui nous intéresse, alors que nous sommes sous la menace d'ingénieurs du chaos[3] qui cherchent à augmenter ou à susciter la rage et à promouvoir les passions tristes. Il est essentiel de promouvoir les passions positives, les passions joyeuses, celles qui donnent envie de transformer, de reconstruire, de coopérer, d'être solidaires.

1. René Descartes, *Discours de la méthode*, 1637.
2. Francis Bacon, *La Nouvelle Atlantide*, 1627.
3. Giuliano da Empoli, *op. cit.*

Spinoza devrait être notre guide, lui qui a bien distingué les passions tristes – celles qui sont suscitées par la rencontre avec un ou des corps qui ne nous conviennent pas – des passions joyeuses, celles qui augmentent notre capacité d'agir et qui sont augmentées par la rencontre avec des corps qui nous conviennent. Nous avons besoin d'ingénieurs des passions joyeuses.

Aujourd'hui, nous devons donc réussir à organiser un basculement des valeurs semblable à celui qui s'est opéré au XVIIIe siècle. Mais cette fois le changement, s'il doit continuer à viser le progrès, doit assimiler celui-ci non plus à la croissance mais à la sobriété, à la recherche du suffisant. Nous devons d'une certaine manière renouer avec cette vertu ancestrale, et plus encore qu'avec la sobriété et la tempérance, avec la juste mesure, le respect des limites, le refus de la chrématistique, et organiser les retrouvailles avec l'économie comme sage gouvernement de la communauté.

Nous appelons pour cela à une alliance entre les scientifiques du climat et les sciences humaines, capables de surmonter les clivages disciplinaires, plus généralement le grand partage entre sciences de la nature et de la culture, et de construire une nouvelle science interdisciplinaire autour de la question des points de basculement.

Il nous faudra des ingénieurs, des spécialistes de la permaculture, des artisans de l'agroécologie, des ingénieurs agronomes... et des politiques visionnaires. Pour engager nos sociétés dans la reconversion écologique, nous aurons absolument besoin de femmes et d'hommes politiques aux visions et aux pratiques radicalement renouvelées. C'était le cas du socialiste néerlandais Sicco Mansholt[1]. En 1972, alors vice-président de la Commission européenne, il écrit un programme de bifurcation écologique de l'Europe qui, s'il avait été mis en place, aurait changé la face du monde. Son exemple doit nous inspirer.

Dans cet ouvrage, j'explore les voies de sorties de trois grandes crises : la crise du travail, la crise de l'État-providence, la crise écologique. Repenser profondément le travail, son rôle dans la société, ses conditions d'exercice, son organisation, est une urgence. L'entreprise ne peut plus être considérée comme ayant uniquement à faire du profit. Il nous faut reformuler sa vocation, son organisation,

1. Sicco Mansholt, *La Lettre Mansholt 1972*, Les Petits Matins, 2023.

sa gouvernance, et plus généralement démocratiser l'entreprise et l'économie. L'entreprise du XXIe siècle sera démocratique, soutenable, régulée, essentielle dans la reconversion écologique. La profonde transformation de nos modes de vie, la reconversion écologique de nos sociétés doivent s'organiser au sein d'une Union européenne solidaire, seule capable de soutenir une transition juste.

Mon propos est structuré en quatre grandes parties et autant de chapitres courts qu'il y a de pistes à explorer et d'actions à mettre en œuvre. Je dresse un panorama des conditions d'exercice, de la place et de la valeur accordées au travail depuis une trentaine d'années. Je m'intéresse ensuite aux théories et aux politiques qui ont remis en cause la possibilité du plein-emploi et aux politiques qui permettraient de renouer avec celui-ci. Dans un troisième moment, je présente les cadres dans lesquels les transformations que je propose pourraient s'inscrire en m'arrêtant sur trois questions essentielles : l'Europe sociale, l'égalité femmes-hommes et le renouvellement de l'État-providence. La dernière partie me permet d'exposer de façon plus précise les raisons pour lesquelles nos sociétés doivent d'urgence s'engager dans la reconversion écologique et abandonner le fétichisme de la croissance.

Je dessine donc les contours d'une société désirable, une société du plein-emploi des capacités, de la démocratisation de la production, une société qui met la « permanence de conditions de vie authentiquement humaines [1] » au cœur de ses actions, où le travail a retrouvé son sens. Une société qui a redéfini le progrès et où les politiques publiques sont mises au service d'un État-providence fort et d'une Europe politique et sociale. Je vous invite à développer vos passions joyeuses au service de cet idéal.

Bonne lecture !

1. Comme le rappelle Hans Jonas dans son fameux impératif : « Agis de telle sorte que tes actions soient compatibles avec la permanence d'une vie authentiquement humaine sur terre », in *Le Principe responsabilité. Une éthique pour la civilisation technologique*, trad. de l'allemand par Jean Greisch, Éditions du Cerf, 1990 ; rééd. Flammarion, « Champs essais », 2008.

1

Les Français ne veulent-ils vraiment plus travailler ?

Conditions de travail : un état des lieux

Pourquoi le travail est-il devenu insoutenable pour une large partie de la population française ?

Les enquêtes consacrées à l'étude des conditions de travail sont formelles : nous traversons une grave crise du travail en France. Comment la mesurer ?

Je ne cesse de discuter avec des personnes qui – n'ayant pas de connaissances particulières sur ce sujet – prétendent que les Françaises et les Français sont paresseux, qu'ils n'aiment pas le travail et qu'il est faux d'affirmer que les conditions de travail sont dégradées dans notre pays. Je voudrais leur dire qu'il existe des enquêtes remarquables, conçues de manière scientifique, réalisées avec le plus grand soin, qui démontrent que nous avons bien un problème à ce sujet dans notre pays.

Depuis 1978, tous les sept ans, l'enquête française sur les conditions de travail analyse un échantillon scientifiquement construit et représentatif d'actifs occupés, aujourd'hui composé de 25 000 personnes. Elle a été conçue et est maintenue par la Direction statistique du ministère du Travail, la DARES. Cette étude, qui offre un panorama très précis et détaillé du monde de l'emploi, met parfaitement en évidence le fait que l'on assiste depuis plusieurs décennies à une dégradation des conditions de travail en France, due en particulier à l'intensification des rythmes. Il faut travailler toujours plus vite, les exigences sont plus fortes. Aux contraintes industrielles s'ajoutent les contraintes marchandes souvent accentuées par le contact avec le public.

On aurait pu croire qu'avec les nouvelles technologies le travail deviendrait moins pénible, mais c'est le contraire qui s'est passé. La généralisation de l'informatique a accéléré le rythme des demandes mais aussi la surveillance, l'exigence de *reporting* et de traçabilité ainsi que des mesures des performances. De surcroît, les modifications permanentes des systèmes d'information entraînent des changements organisationnels incessants.

Que nous dit donc la dernière enquête, passée en 2019, juste avant la crise sanitaire ? Que 37 % des actifs occupés considèrent qu'ils ne pourront pas occuper leur emploi jusqu'à la retraite[1]. Toutes les catégories socio-professionnelles sont concernées : les cadres sont 32 % à l'affirmer, les ouvriers et employés 39 %. Deux points sont essentiels à noter : d'abord, les jeunes sont bien plus nombreux que leurs aînés à dire que leur travail est insoutenable. Cela peut être interprété de différentes façons : les plus jeunes occupent des métiers très difficiles – on pense aux postes d'ouvriers du bâtiment, de caissières, de serveur de restaurant, qui figurent parmi les métiers les plus pénibles selon l'enquête. Par ailleurs, plus on avance en âge, moins on occupe ces métiers soit parce que l'on est abîmé, épuisé, en invalidité, bref que l'on est sorti de l'emploi, soit parce que l'on a trouvé un emploi plus doux. Le deuxième point, c'est que les femmes sont plus nombreuses que les

1. Mikael Beatriz, « Quels facteurs influencent la capacité des salariés à faire le même travail jusqu'à la retraite ? », 9 mars 2023 : https://dares.travail-emploi.gouv.fr/publication/quels-facteurs-influencent-la-capacite-des-salaries-faire-le-meme-travail-jusqua-la-retraite

hommes à indiquer qu'elles ne pourront pas tenir dans leur travail jusqu'à la retraite, et plus encore lorsqu'elles ont des enfants en bas âge.

Que répondre à celles et ceux qui soutiennent que ces opinions s'expliquent par le fait que les Français sont trop pessimistes et trop râleurs, et rappellent que l'enquête est déclarative, donc trop soumise à l'humeur des personnes interrogées ? La France est la championne des accidents du travail mortels et non mortels en Europe, et cette donnée ne dépend malheureusement pas de l'humeur des concernées.

Comment mesurer la qualité de vie au travail en Europe ?

Les gouvernements aiment soutenir leurs réformes en invitant leurs concitoyens à aller voir ce qui se passe dans les pays voisins. On devrait s'inspirer de ceux qui ont les meilleurs résultats. Qu'en est-il en matière de qualité de vie au travail ?

Les États ont depuis longtemps adopté les techniques du *benchmarking*, directement issues des théories du management. Selon celles-ci, dans un contexte concurrentiel en évolution, une entreprise dépassée doit, pour survivre, faire évoluer son organisation via l'imitation des routines innovantes de ses concurrents – ce qu'on appelle les « bonnes pratiques ». La firme doit d'abord clairement identifier quelles sont ces routines innovantes, les transférer ensuite adéquatement dans sa propre organisation, puis réussir à mobiliser son personnel pour s'approprier ces routines et les mettre en œuvre efficacement. Ainsi, depuis les années 1990, un certain nombre d'institutions emploient sans relâche ces techniques pour comparer les performances des États.

Dans ce domaine, la situation n'est pas rose. Si l'on regarde les résultats de l'enquête européenne sur les conditions de travail, elle est même catastrophique. Sur l'ensemble des questions posées aux 71 000 actifs occupés des 36 pays européens, la France est le plus souvent en queue de peloton. Jugez-en plutôt : les Français sont systématiquement au-dessus de l'Allemagne, du Danemark, des Pays-Bas, mais aussi de l'Union européenne (UE) en ce qui concerne les contraintes physiques supportées au travail : postures douloureuses, port de charges lourdes, exposition à des produits toxiques – qui font partie des quatre critères de pénibilité supprimés par les ordonnances travail de 2017. Mais les Français et surtout les

Françaises sont aussi les plus nombreux à vivre au travail des situations perturbantes sur le plan émotionnel et à faire l'objet de discriminations.

Nous travaillons plus que les autres dans des délais très stricts et très courts et bénéficions moins que les autres d'un soutien de nos collègues. Les actifs occupés français sont également moins consultés que leurs voisins avant que des objectifs leur soient fixés et influencent moins que les autres les décisions qui sont importantes pour leur travail. La France semble aussi présenter une forme de pathologie du présentéisme : contrairement aux clichés véhiculés sur la flemme des Français, il n'est pas rare que ces derniers viennent travailler sur leur temps libre pour répondre aux exigences de leur travail.

Finalement, les Français apparaissent minés, psychologiquement et physiquement, et, plus que leurs voisins européens, ils perçoivent le travail comme une menace pour leur santé : 39 % d'entre eux sont dans ce cas, contre 31 % en Allemagne, 21 % au Danemark et aux Pays-Bas, 34 % dans l'UE à 27. Près d'un actif occupé sur deux en France déclare souffrir d'anxiété tandis qu'ils et elles ne sont que 7,6 % dans ce cas au Danemark. En outre, 45 % des Français se considèrent bien payés pour leurs efforts contre 68 % des Allemands et près de 60 % des Européens.

En matière de qualité de l'emploi, la France est donc tout en bas du tableau : si l'on met en regard les exigences du travail et les moyens dont on dispose pour y faire face afin de définir ce qu'est un emploi « tendu », 40 % des Français se trouvent dans un tel emploi contre 30 % des Européens des 36 pays concernés par l'enquête et 24 % des Allemands.

Il y a bien une grave crise du travail en France à laquelle il est urgent d'apporter un remède. Par ailleurs, cette situation n'est pas sans lien avec la question de l'emploi des seniors.

Comment augmenter l'emploi des seniors ?

Depuis le début des années 2000, l'impératif du « vieillissement actif » – c'est-à-dire de l'augmentation de l'emploi des seniors – est devenu un impératif partout en Europe. Permettre aux plus de 55 ans de rester en emploi constitue à la fois une alternative au recul de l'âge de départ à la retraite et un complément indispensable à celui-ci.

Selon certains économistes en effet, une hausse de dix points du taux d'emploi des 55-64 ans permettrait « d'équilibrer les comptes » du système de retraites d'ici 2032, sans toucher ni à l'âge légal ni à la durée de cotisation. Actuellement, 56 % des 55-64 ans sont en emploi (et 35,5 % pour les 60-64 ans) : il faudrait donc faire passer ce premier taux à 66 %.

Mais il est également impératif d'augmenter ce taux si nous souhaitons éviter que le recul de l'âge légal ne se traduise par une précarité accrue de ceux qui ne pourront pas continuer à travailler ou dont les entreprises ne le voudront pas. Les travaux qui ont analysé les effets de la réforme de 2010 faisant passer l'âge légal de 60 à 62 ans ont mis en évidence l'allongement du sas de précarité entre emploi et retraite, en particulier chez les ouvriers. Le risque est bien que de plus en plus de personnes se retrouvent au chômage, en invalidité ou au RSA (revenu de solidarité active).

Plusieurs actions doivent être entreprises. La première est sans doute de convaincre ou d'obliger les entreprises à cesser de considérer que les travailleurs expérimentés ne leur sont plus utiles en rendant beaucoup plus difficile la séparation d'avec ceux-ci. Encore faut-il que ces personnes soient capables de se maintenir dans l'emploi jusqu'à la retraite, ce qui nécessite une réflexion approfondie sur l'organisation du travail. C'est ce à quoi s'attachent depuis des années les chercheurs du CREAPT, le Centre de recherches sur l'expérience, l'âge et les populations au travail. Ils en ont récemment rendu compte dans *Le Travail pressé*[1], qui met en évidence les dommages du modèle « de la hâte » sur la qualité de l'emploi non seulement des seniors mais de manière plus générale.

Serge Volkoff et Corinne Gaudart rappellent que la proportion de ceux dont le rythme de travail est imposé par « des normes ou délais en une heure au plus » est passée de 5 % à 29 % entre 1984 et 2016 ; ceux dont le rythme dépend d'une « demande extérieure exigeant une réponse immédiate sont passés de 28 % à 58 % ». Ils précisent qu'avec l'intensification du travail qui s'est produite depuis les années 1990, l'impératif de se dépêcher est particulièrement nocif pour les plus âgés. Ce « travail pressé » exige des travailleuses et travailleurs de réduire à sa plus simple expression d'autres temps, pourtant fondamentaux, voire de faire l'impasse sur eux : ceux qui sont nécessaires pour

1. Corinne Gaudart et Serge Volkoff, *Le Travail pressé. Pour une écologie des temps du travail*, Les Petits Matins, 2022.

apprendre, transmettre, construire avec les autres, préparer, anticiper, vérifier, délibérer, créer, etc.

Ralentir le rythme, désintensifier le travail, remettre le soin du travail bien fait au centre des attentions, c'est non seulement la meilleure manière de conserver les seniors en emploi mais aussi la véritable voie pour sortir de la grave crise du travail française. L'économiste Jean Gadrey proposait de substituer aux gains de productivité des gains de qualité et de durabilité. La désintensification du travail constitue sans conteste un élément central de cette grande bifurcation.

Comment revaloriser les métiers du lien ?

Depuis peu, tous les projecteurs sont braqués sur les métiers du *care* : permettant de tisser des liens entre les personnes « du berceau à la tombe », très largement occupés par des femmes, trop souvent caractérisés par un statut précaire et des revenus parcellaires, ils seront pourtant de plus en plus indispensables. Comment les revaloriser ?

En juin 2020, les députés Bruno Bonnell et François Ruffin déposaient au nom de la commission des Affaires économiques de l'Assemblée nationale un rapport d'information sur les métiers du lien.

Celui-ci s'intéressait plus spécifiquement à quatre métiers : assistante maternelle, accompagnante d'enfant en situation de handicap, animatrice périscolaire et auxiliaire de vie sociale. En 2022, Vincent Jarousseau publiait un livre mêlant roman-photo, documentaire et BD [1], qui brossait huit portraits de femmes : aides à domicile, aides-soignantes, éducatrices spécialisées, auxiliaires de vie sociale, assistantes de vie sociale, etc., dont nous découvrions les vies quotidiennes, à la fois intimes et professionnelles.

Quel que soit l'emploi concerné, le diagnostic est le même : il s'agit de métiers essentiels – c'est d'ailleurs le sous-titre du livre de Vincent Jarousseau –, appelés à recruter massivement dans les années qui viennent, assurant des fonctions de solidarité déterminantes, occupés presque exclusivement par des femmes mais présentant des caractéristiques qui les placent tout en bas des palmarès en matière de qualité d'emploi. Le rapport de Christine Erhel et de Sophie Moreau-Follenfant [2]

1. Vincent Jarousseau, *Les Femmes du lien. La vraie vie des travailleuses essentielles*, Les Arènes, 2022.

2. Rapport sur la reconnaissance et la valorisation des travailleurs de la « deuxième ligne » : https://ceet.cnam.fr/le-ceet/evenements-actualites-du-ceet/remise-du-rapport-de-reconnaissance-et-de-valorisation-des-travailleurs-de-la-deuxieme-ligne-1304275.kjsp

avait déjà pointé le métier d'aide à domicile comme l'un des métiers de deuxième ligne les plus mal payés : les aides percevaient à l'époque moins de 9 000 euros annuels de revenus nets. Le rapport Libault avait quant à lui dénoncé les conditions de travail très mauvaises des 830 000 équivalents temps plein (ETP) œuvrant dans le champ de la perte d'autonomie du grand âge[1]. La fréquence et la gravité des accidents du travail et des maladies professionnelles sont pratiquement triplées par rapport à celles observées pour l'ensemble des activités.

Les femmes embauchées dans ces métiers travaillent le plus souvent à temps partiel, ont des salaires horaires très peu élevés et des conditions de travail difficiles, en particulier peu compatibles avec la vie de famille car les amplitudes horaires sont très fortes. Le travail commence très tôt le matin, se termine parfois tard le soir et est souvent fragmenté ; les temps de déplacement et de préparation ne sont généralement ni comptés ni rémunérés. Outre les contraintes physiques du métier, ces personnes doivent aussi déployer des

1. Dominique Libault, « Concertation grand âge et autonomie », mars 2019 : https://sante.gouv.fr/IMG/pdf/rapport_grand_age_autonomie.pdf

compétences exigeant de faire face à de fortes charges émotionnelles – qui concernent notamment l'évolution de l'état de santé des personnes âgées ou handicapées dont elles ont la charge.

Si ces métiers sont le plus souvent occupés par des femmes, c'est parce que l'on considère qu'ils requièrent des compétences identiques à celles qui sont mobilisées au sein du foyer, dans le travail domestique. C'est aussi pour cette raison, comme l'ont montré de nombreuses chercheuses (on pense à Florence Jany-Catrice, Nicole Gadrey, Martine Pernod-Lemattre, Rachel Silvera, Séverine Lemière ou encore Christelle Avril), que ces compétences – considérées comme « naturelles » – ne sont pas réellement rémunérées, à la différence des compétences techniques, plus souvent détenues par les hommes.

Les différents rapports soulignent la nécessité d'une hausse des rémunérations, d'une revalorisation des grilles salariales, de la prise en compte de l'ensemble du temps de travail effectué mais aussi d'une modification de l'organisation du travail garantissant des temps pleins ainsi que des moments d'échange avec le collectif. Les chercheuses citées ci-dessus proposent également une révision des grilles de classification qui permettrait de reconnaître l'existence de compétences techniques dans ces métiers (non seulement relationnelles mais également posturales), donc de qualifications spécifiques et dès lors, une mise à niveau des rémunérations parfaitement légitime.

Pourquoi les conditions de travail des hommes et des femmes sont-elles différentes ?

Les femmes et les hommes ne sont pas exposés aux mêmes pénibilités et aux mêmes risques dans leur travail. L'enquête française sur les conditions de travail, en particulier celle de 2019, permet d'en savoir plus sur cette question.

L'étude réalisée par Karine Briard, dans un passionnant document d'études de la DARES[1], analyse 74 conditions de travail de femmes et d'hommes salariés issus de 88 professions. Les personnes qui mènent l'analyse se heurtent généralement à plusieurs difficultés, au premier rang desquelles le fait que les métiers pratiqués par les hommes et les femmes sont souvent différents. En

1. Karine Briard, « Conditions de travail et mixité : quelles différences entre professions, et entre femmes et hommes ? », 19 janvier 2023 : https://dares.travail-emploi.gouv.fr/publication/conditions-de-travail-et-mixite-quelles-differences-entre-professions-et-entre-femmes-et-hommes

effet, huit métiers sur dix sont non mixtes, c'est-à-dire comptent plus de deux tiers de femmes ou d'hommes. Une autre difficulté tient au fait que les tâches effectuées au sein du poste peuvent ne pas être similaires selon que le salarié est une femme ou un homme.

Une fois ces difficultés surmontées, l'étude met en évidence une forte différenciation des conditions de travail entre les femmes et les hommes. Les hommes sont plus exposés aux sollicitations physiques que les femmes, qui sont plus soumises aux sollicitations psychosociales. Ces différences sont liées aux métiers qu'ils et elles exercent le plus souvent, mais s'observent aussi au sein même des professions.

Les hommes sont ainsi plus présents dans les métiers les plus soumis à la pénibilité physique, mais ils y sont aussi plus confrontés que les femmes dans de très nombreux métiers. Ils sont plus susceptibles de devoir porter des charges lourdes ou de travailler dans un environnement agressif, dans le bruit ou la poussière. En particulier, au sein des secteurs de la construction et de l'industrie manufacturière – exposant à de multiples facteurs de pénibilité –, qui comptent nombre de professions à dominante masculine.

Les femmes, quant à elles, exercent plus souvent des métiers de service, exposant à des contraintes d'organisation du temps de travail, à des exigences émotionnelles et/ou une faible latitude décisionnelle. Mais dans les métiers mixtes et les métiers à prédominance féminine ou masculine les plus exposés à tout type de risque, les femmes sont aussi plus confrontées que les hommes aux conflits de valeurs et à un manque d'autonomie, et, à durée de travail identique, à un travail intense et à un manque de soutien et de reconnaissance. Les femmes doivent aussi plus souvent se dépêcher dans leur travail ou répéter continuellement une même série de gestes ou d'opérations, ce qui est facteur de troubles musculosquelettiques. Leur travail les expose plus fréquemment à une charge mentale importante (penser à trop de choses à la fois, cacher leurs émotions, etc.), alors qu'elles bénéficient moins fréquemment de reconnaissance et de soutien social de la part de leur entourage professionnel, disposent de moins d'autonomie pour réaliser leurs tâches et sont plus contrôlées.

Les hommes sont proportionnellement plus nombreux à travailler plus de quarante heures par semaine tous emplois confondus. Ils sont plus souvent joints en dehors de leur temps de travail, travaillent plus souvent en horaires décalés et connaissent moins souvent leurs horaires de travail à l'avance. Les femmes sont, elles, plus nombreuses à travailler le week-end, à avoir des horaires rigides et leurs horaires font moins souvent l'objet d'une concertation.

Les métiers féminisés les plus importants numériquement, comme celui d'agent d'entretien, d'aide-soignant, et d'aide à domicile et aide ménager, qui rassemblent à eux trois près d'une salariée sur cinq, exposent à des conditions de travail relativement dégradées, conjuguant horaires peu flexibles, physiquement pénibles et/ou exposant à une charge mentale et à des comportements hostiles. Les salariés des professions principalement féminines sont aussi plus exposés au risque de *job strain* – forte demande psychologique couplée à une faible latitude décisionnelle –, qui est un facteur de dégradation de la santé mentale.

Qu'il s'agisse de pénibilités supportées par les hommes ou par les femmes, on voit bien qu'un grand plan d'amélioration des conditions de travail apparaît plus que jamais nécessaire.

Les jeunes sont-ils vraiment paresseux ?

Il existe beaucoup de préjugés et de stéréotypes sur les jeunes. On parle d'une génération Z qui serait nomade, individualiste et qui bouderait le travail. Heureusement, depuis quelques années, on dispose de plus en plus d'enquêtes qui nous permettent d'affiner notre connaissance de cette population. Les rencontres de l'INJEP – l'Institut national de la jeunesse et de l'éducation populaire –, qui se sont tenues le 21 novembre 2023, ont permis de dresser un portrait dans un rapport[1] dont je voudrais aborder quelques points.

Pourquoi parle-t-on de générations Y et Z ?

La littérature managériale et les médias désignent les générations par une lettre : X, Y, Z. À quoi ces intitulés correspondent-ils ? Commençons par nous demander qui a inventé cette forme d'étiquetage des générations. Selon certains, l'inventeur serait Douglas Coupland, avec son livre *Génération X: Tales for an Accelerated Culture* paru en 1991. Pour d'autres, ce seraient Charles Hamblett et Jane

1. Le rapport des jeunes au travail en 2023 : https://injep.fr/wp-content/uploads/2023/11/rapport-2023-11-Baro_jeunes_2023_travail_Synthese.pdf

Deverson dans *Generation X*, publié le 1er janvier 1964, qui auraient inventé le terme, popularisé plus tard par Coupland. Cette génération composée de personnes nées entre 1965 et 1980 serait en effet apparue à l'époque très différente de la génération précédente, celle des baby-boomers. Se seraient ensuite succédé la génération Y (les personnes nées dans les années 1980 et 1990) puis la génération Z, ces deux dernières se caractérisant notamment par leur aisance avec les nouvelles technologies. Chacune de ces générations est généralement affublée par les spécialistes en marketing de très nombreuses caractéristiques parmi lesquelles il est souvent difficile de s'y retrouver et qui ne semblent pas vraiment fondées sur des études scientifiques.

Certes, l'idée que des générations se distinguent les unes des autres, notamment parce qu'elles sont associées à des situations ou des évènements historiques précis, est parfois bien vérifiée : une génération est définie par un évènement partagé, un marqueur, ou comme l'indiquait le sociologue Karl Mannheim par « l'esprit du temps ». De même, le sociologue Ronald Inglehart a-t-il soutenu que les pays les plus riches se caractérisent par des valeurs « post-matérialistes », la sécurité économique n'étant plus une priorité et la qualité de vie et le bien-être subjectif devenant des valeurs majeures. Les jeunes constitueraient ainsi l'avant-garde de ces changements de valeurs dus aux transformations économiques dans les pays industrialisés.

Mais ces différents travaux, qui ont pu être discutés ou contestés[1], ont donné lieu à des récits marketing dont beaucoup n'ont pas grand sens. C'est ainsi que dans leur article de 2010, intitulé « Pour en finir avec la génération Y. Enquête sur une représentation managériale[2] », les sociologues François Pichault et Mathieu Pleyers invitent à relativiser le discours dominant sur la spécificité de la génération Y et sur les réponses managériales à y apporter. Au terme d'une vaste enquête approfondie auprès de jeunes, ils concluent ainsi leurs travaux : « Nos résultats conduisent à ne pas céder trop vite à l'appel des sirènes des sociétés de conseil spécialisées qui, mettant en avant les caractéristiques supposées de la génération Y, enjoignent les employeurs à se préparer à la difficile gestion de cette main-d'œuvre par des programmes de

1. Par exemple, beaucoup d'auteurs ont relevé que parmi les jeunes générations, de nombreux individus étaient affectés par la précarité et dès lors très attentifs aux préoccupations économiques, voire de survie, en contradiction donc avec l'argumentation d'Inglehart.

2. *Annales des Mines, Gérer & comprendre*, n° 108, juin 2012.

formation ad hoc et par l'adoption de dispositifs de management appropriés. »

C'est une semblable prudence que nous devons adopter s'agissant de la génération Z. Ses membres, nés autour du début des années 2000, seraient, selon différents discours médiatiques, encore plus agiles en matière de nouvelles technologies que leurs aînés, moins conformistes que ceux-ci, valoriseraient leur épanouissement personnel et seraient pêle-mêle zappeurs, individualistes, matérialistes, nomades, désengagés. C'est ce que l'on entend plus que jamais en ce moment, alors que les difficultés de recrutement sont au centre des discussions et des préoccupations : la jeune génération n'accorderait plus d'importance au travail, ne penserait qu'aux loisirs, aux horaires aménagés, aux congés, aux RTT, au nombre de jours télétravaillés. Les jeunes seraient devenus rétifs à l'effort, parce que sans doute trop élevés dans le confort comme des enfants rois. Quel crédit pouvons-nous accorder à ces opinions ?

Pourquoi la génération Z n'est pas si différente des autres ?

Le rapport réalisé par le Centre de recherche pour l'étude et l'observation des conditions de vie

(CRÉDOC) pour l'INJEP en novembre 2023 synthétise quelques chiffres : effectuée auprès de 4 500 jeunes de 15 à 30 ans et 1 000 personnes âgées de 31 à 50 ans entre avril et mai 2023, l'étude montre que les jeunes ont un rapport au travail qui n'est pas très différent de celui de leurs aînés. Les différences entre générations, bien réelles sur certains points, apparaissent finalement peu importantes au regard de celles qui sont observées à partir des caractéristiques sociodémographiques des enquêtés (genre, situation d'activité, catégorie socioprofessionnelle) et donc à l'intérieur des générations.

Ainsi, interrogés sur ce que représente pour eux le travail, jeunes et plus âgés répondent de façon extrêmement proche : pour 57 % des moins de 30 ans et 62 % des plus de 30 ans, le travail est « un moyen de gagner sa vie » alors que pour 31 % des moins de 30 ans et 29 % des plus de 30 ans c'est « une source d'épanouissement et de fierté ». Les jeunes sont donc un tout petit peu plus post-matérialistes que les plus âgés. En tout cas, ils apparaissent moins matérialistes et utilitaristes que leurs aînés. Notons que 12 % des moins de 30 ans et 9 % des plus de 30 ans considèrent le travail comme une source de souffrance et de mal-être.

Interrogés sur les principaux critères pris en compte pour le choix d'un emploi, les jeunes mettent en premier le niveau de rémunération (68 %) comme les plus de 30 ans (74 %). À nouveau, les jeunes semblent donc moins matérialistes et utilitaristes que les plus âgés. S'il n'existe pas de différence au sein des plus jeunes, les hommes des générations plus âgées accordent plus d'importance à ce critère que les femmes.

La génération Z et les autres mettent ensuite en seconde position la possibilité de concilier leur vie professionnelle et leur vie familiale exactement dans les mêmes proportions (52 % pour les plus jeunes contre 53 % pour les autres). C'est un point essentiel : on voit monter depuis une trentaine d'années dans les enquêtes cette préoccupation de conciliation qui concerne désormais toutes les générations et qui est sans nul doute à mettre en lien avec l'augmentation ininterrompue du taux d'emploi féminin, désormais inférieur de 8 points seulement à celui des hommes. Aujourd'hui, hommes et femmes déclarent dans des proportions identiques et très élevées connaître de fortes difficultés de conciliation. La dernière enquête de l'Institut national de la statistique et des études économiques (INSEE) indique que c'est le cas de 59 % des hommes et de 63 % des femmes.

Enfin, en troisième position, jeunes et moins jeunes mettent en avant, avec des scores très voisins, l'intérêt du travail. Là encore, contrairement à ce que rapportent les discours médiatiques, les jeunes sont plus nombreux que les plus anciens à souhaiter avoir beaucoup de responsabilités dans leur travail (58 % des moins de 30 ans le souhaitent contre seulement 46 % des plus de 30 ans). Les raisons de quitter un emploi sont également les mêmes selon les différentes générations : jeunes et moins jeunes chercheraient un nouveau travail et pourraient aller jusqu'à démissionner en cas de stress ou de charge importante et en raison de mauvaises relations avec la hiérarchie et les collègues.

On voit donc dans ces résultats que les générations diffèrent peu en ce qui concerne leur rapport au travail. En revanche, des différences assez importantes apparaissent, au sein d'une même génération, entre hommes et femmes et entre catégories socio-professionnelles. Les jeunes ouvriers sont plus nombreux (66 %) que les jeunes cadres (53 %) à considérer le travail comme un moyen de gagner sa vie. Il faut donc s'interroger sur la diversité intragénérationnelle.

Pourquoi la jeunesse n'est qu'un mot ?

Dans un entretien réédité en 1980 dans *Questions de sociologie* aux Éditions de Minuit, Pierre Bourdieu explique que c'est par un abus de langage formidable que l'on englobe sous un même concept des univers sociaux qui n'ont pratiquement rien en commun. Il faudrait au moins, soutient-il, analyser les différences entre les jeunesses ou pour aller vite, entre deux jeunesses, c'est-à-dire entre les héritiers et les jeunes sans avenir. Le sociologue souligne combien la prolongation du temps scolaire pour l'ensemble des jeunes a brouillé les frontières entre les deux jeunesses en laissant espérer aux familles des classes populaires qu'elles pourraient accéder elles aussi aux emplois jusque-là réservés de fait aux plus aisés. « En mettant dans la situation du lycéen, même au rabais, des enfants appartenant à des classes pour qui l'enseignement secondaire était autrefois absolument inaccessible, le système actuel encourage des enfants et leur famille à attendre ce que le système scolaire assurait aux élèves des lycées au temps où ils n'avaient pas accès à ces institutions », écrit-il.

Dans ce sillage, le sociologue Stéphane Beaud a montré dans plusieurs de ses ouvrages, en particulier dans *80 % au bac... et après ?*[1], combien l'espoir de promotion scolaire et professionnelle suscité chez les classes populaires grâce à l'ouverture de l'horizon scolaire a été déçu. Les données les plus récentes, rappelées lors des Rencontres de l'INJEP du mois de novembre 2023, et appuyées sur les résultats des dernières enquêtes du Centre d'études et de recherches sur les qualifications (CEREQ) ou du CRÉDOC, le confirment. La massification scolaire était porteuse de promesses qui n'ont pas été tenues. Le taux de chômage des jeunes continue d'être deux fois et demie plus élevé que le taux de chômage de l'ensemble de la population active (17,6 % contre 7,4 %). Il varie en fait très fortement selon le niveau de diplôme, atteignant plus de 45 % pour ceux qui sont sans diplôme, près de 20 % pour les niveaux CAP, BEP et bac contre 9,8 % pour les diplômés du supérieur. Plus de la moitié des jeunes salariés de 15 à 24 ans sont en contrat à durée déterminée, intérim, contrat aidé ou d'apprentissage.

La massification scolaire ne s'est donc pas traduite par une démocratisation scolaire. Les inégalités d'emploi en fonction du milieu d'origine restent très

1. Stéphane Beaud, *80 % au bac... et après ? Les enfants de la démocratisation scolaire*, La Découverte, 2002.

marquées en France comme le met en évidence la dernière enquête Génération du CEREQ, qui a interrogé sur leur parcours scolaire et leurs trois premières années de vie active en 2020-2021 plus de 25 000 jeunes sortis de formation initiale en 2017. À l'issue du parcours scolaire, les écarts en matière de diplôme sont importants. La part des diplômés du supérieur long diminue lorsque l'on descend l'échelle sociale et se stabilise autour de 10 % pour les jeunes issus des ménages les plus modestes. Les enfants issus de ménages à dominante ouvrière comme l'ensemble des enfants des ménages les plus modestes n'accèdent quasiment pas aux filières les plus prestigieuses et les plus sélectives du supérieur long (grandes écoles et doctorats).

Le sociologue François Dubet pouvait ainsi écrire en 2016 : « La promesse scolaire n'était plus seulement celle de l'instruction commune, elle est devenue celle de l'égalité des chances méritocratique, celle d'une école capable d'abolir les obstacles économiques et sociaux à la réussite scolaire. Depuis cette période, qui a duré une vingtaine d'années, l'égalité des chances est devenue la figure centrale et indiscutée de la justice scolaire. Comparée à des pays comparables, l'école française devrait assurer mieux que d'autres une certaine égalité des chances. Or, il n'en est rien et la France est le pays de la reproduction des inégalités sociales et scolaires[1]. » La question des NEETs en est l'illustration.

Pourquoi parle-t-on de NEETs ?

NEETs est l'acronyme de « Neither in Employment nor in Education or Training » et désigne les jeunes qui ne sont ni en emploi, ni dans le système éducatif, ni en formation. Combien sont-ils ? Pourquoi sont-ils si nombreux ?

En 2021, en France, 1,4 million de personnes soit 12,8 % des jeunes de 15 à 29 ans n'étaient ni en emploi, ni en études ni en formation, soit un peu moins qu'en moyenne dans l'Union européenne (13,1 %). Parmi eux 45 % étaient au chômage au sens du BIT, le Bureau international du travail (c'est-à-dire qu'étant sans emploi, ils étaient disponibles pour travailler et recherchaient activement un emploi), 24 % appartenaient au halo du chômage (sans emploi, ils souhaitaient travailler sans toutefois avoir entrepris de démarches ou sans être disponibles) et 31 % déclaraient ne pas chercher à travailler.

1. François Dubet, « Égalité des chances scolaires : le paradoxe français », *Après-demain*, n° 38, Éditions Fondation Seligmann, 2016.

Dans un passionnant rapport publié en janvier 2023, l'économiste Bernard Gazier et trois de ses collègues se sont intéressés aux transitions entre école et travail en Europe, la présidente de la Commission européenne Ursula von der Leyen ayant déclaré l'année 2022 « année européenne de la jeunesse ». Les politiques menées dans cinq pays européens – Allemagne, Autriche, Danemark, Suisse et France – sont analysées. Le choix de ces pays n'est pas anodin : il s'agit de comparer les résultats du système dual – la combinaison d'un apprentissage théorique et pratique – en vigueur dans les quatre premiers pays cités avec ceux du système français, meilleur représentant du système où les apprentissages sont théoriques.

Les politiques des cinq pays sont décortiquées et leurs résultats précisément exposés et expliqués : ils ne sont pas à l'avantage de la France. C'est notamment le pourcentage de jeunes NEETs qui fait la différence : en 2021, ils représentaient 12,8 % des jeunes de 15 à 29 ans en France contre 8,3 % au Danemark et 9,2 % en Allemagne. Le chiffre de la Suisse en 2021 n'était pas disponible, mais celui de 2020 s'élevait à… 6,3 %. La composition de cette population dans les cinq pays est intéressante : dans les quatre autres pays, la plus grande partie de la population de NEETs est composée de chômeurs de courte durée et en Allemagne et en Autriche de jeunes femmes mères de famille. En France, près d'un quart de la population est composée de chômeurs longue durée.

Selon les auteurs, la Suisse apparaît de loin comme le système le plus performant. Cela s'explique par le type de gouvernance des transitions entre école et vie professionnelle en vigueur. Le système d'apprentissage est en effet gouverné par la Confédération, les vingt-six cantons et plusieurs acteurs du marché du travail dont les partenaires sociaux, que les auteurs intitulent une gouvernance « par accords ».

En France, la gouvernance est au contraire centralisée et les transitions de l'école au travail sont particulièrement longues : il faut plus de quinze ans pour sortir du système de formation initiale. Pire, on est NEET au-delà de 30 ans en France. Les autres pays étudiés font tous mieux que nous. Dans le modèle allemand, l'apprentissage est combiné avec une formation de qualité centrée sur l'entreprise. La Suisse propose un modèle d'« universités de science appliquée » où l'enseignement professionnel est ancré dans les arrangements interentreprises. Tous les jeunes reçoivent une formation qui comprend des compétences digitales et transversales désormais indispensables pour verdir le marché du travail. L'Autriche, quant à elle, a mis en place un dispositif garantissant à tous les jeunes qui n'ont pas eu accès à une formation ou qui ont décroché une place dans le système éducatif ou de formation.

On sait que le système dual n'est pas exempt de critiques. On lui reproche, côté français, d'organiser une forme de segmentation précoce de la jeunesse entre ceux qui auraient le droit d'accéder à la culture générale et ceux qui devraient rejoindre précocement l'enseignement professionnel. Il n'en reste pas moins que cette étude nous invite clairement à réinterroger l'ensemble de notre système éducatif.

Comment les jeunes font-ils face aux crises ?

Les jeunes continuent à attacher beaucoup d'importance au travail, mais leurs conditions d'insertion et d'emploi sont pour une partie d'entre eux très difficiles. Le diagnostic présenté par l'INJEP ne s'arrête pas là. Les jeunes sont particulièrement concernés par l'accès – ou bien plutôt le manque d'accès – au logement. Avec l'augmentation des prix, une large partie de la jeunesse ne peut pas se loger, ce qui a des répercussions sur la possibilité de faire des études. Nombreux sont celles et ceux qui sont contraints de rester chez leurs parents. Yaëlle Amsellem-Mainguy a montré dans son ouvrage *Les Filles du coin*[1] combien les jeunes ruraux étaient concernés par cette crise du logement mais également par l'absence de moyens de transport. Les ouvrages de Nicolas Mathieu rendent aussi particulièrement bien compte, pour les jeunes ruraux, garçons et filles, de cet enfermement[2].

Par ailleurs, la crise sanitaire a particulièrement touché les jeunes. La table ronde consacrée à la santé mentale pendant les Rencontres de l'INJEP en 2023 a permis de mettre en évidence des résultats particulièrement inquiétants. Un pourcentage de plus en plus élevé de garçons et de filles est aujourd'hui concerné par des problèmes de santé mentale : angoisse, stress, tentatives de suicide de plus en plus nombreuses, en particulier chez les jeunes filles. La crise sanitaire a frappé de plein fouet toute une partie de la jeunesse qui a vécu le confinement dans des conditions souvent très difficiles. Enfermés dans des chambres minuscules, les étudiantes et étudiants ont été privés des liens

1. Yaëlle Amsellem-Mainguy, *Les Filles du coin. Vivre et grandir en milieu rural*, Les Presses de Sciences Po, 2021.
2. On pense notamment à *Leurs enfants après eux*, Actes Sud, 2018, lauréat du prix Goncourt.

sociaux si importants à leur âge. Les chiffres en témoignent : plus de 20 % des 15-24 ans ont connu au moins un épisode dépressif en 2021 (26,5 % des jeunes femmes contre 15,2 % des jeunes hommes). « L'isolement social généré par les confinements, les incertitudes quant aux études et à l'avenir, la précarité mise en lumière lors de la pandémie, et probablement le contexte actuel très anxiogène – crise climatique, guerre, situation économique –, ont pesé fortement sur les plus jeunes », indique ainsi le responsable de l'unité santé mentale de Santé publique France.

En effet, la crise écologique n'arrange rien. Elle réduit considérablement l'horizon des jeunes, dont une partie craint de devoir vivre dans des conditions de plus en plus difficiles et qui s'interroge sur l'intérêt de travailler dur si le monde devient inhabitable. S'ils ne sont pas tous engagés dans la lutte contre le changement climatique et si la majorité des diplômés continuent de fournir les gros bataillons de l'industrie du luxe et de l'aviation, du secteur de la banque et de l'assurance et d'une manière plus générale d'entreprises qui ne brillent pas par leur engagement écologique, une partie non négligeable (7 jeunes sur 10) indique néanmoins qu'elle pourrait renoncer à postuler dans une entreprise qui ne prendrait pas suffisamment en compte les enjeux environnementaux. Ce sont certes les membres des fractions les plus aisées et les plus diplômées de la jeunesse qui indiquent qu'ils agiraient certainement ainsi. Mais les entreprises devraient prêter attention à une préoccupation qui se diffuse désormais dans l'ensemble de la jeunesse.

Cessons donc de répéter que les jeunes ne veulent plus travailler, sont matérialistes, non engagés, individualistes et indifférents au sort du monde. Alors que leur niveau d'éducation n'a jamais été aussi élevé, les attentes légitimes qu'ils plaçaient sur le monde du travail et sur l'avenir n'ont pas été satisfaites, d'où une véritable désillusion. N'ajoutons pas aux angoisses que suscite le changement climatique des reproches infondés. Tentons plutôt de créer les emplois qui permettront à tous les jeunes de participer à ce gigantesque chantier qu'est la réparation de notre monde.

Chômeurs et politiques d'emploi

Pourquoi existe-t-il une politique de l'emploi ?

Au lendemain de la Seconde Guerre mondiale, pour les pouvoirs publics, c'est à la politique économique qu'il appartient d'assurer le plein-emploi. En effet, à l'époque, la théorie keynésienne prévaut : c'est à la politique économique qu'il revient d'absorber les chocs de la conjoncture et d'injecter dans le circuit économique les dépenses publiques nécessaires au plein-emploi des facteurs de production et donc de permettre, par ses interventions contracycliques, d'assurer le plein-emploi.

Mais au début des années 1960, l'économie française doit faire face à d'importantes restructurations consécutives notamment à la création du Marché commun. Celles-ci se traduisent par des transferts massifs de main-d'œuvre entre secteurs et par une augmentation du chômage. Il s'agit désormais non plus d'un chômage frictionnel mais d'un chômage de restructuration, car le déversement des secteurs en déclin vers les secteurs en croissance ne se fait pas de façon instantanée : il est donc nécessaire d'accroître la mobilité géographique et sectorielle de la main-d'œuvre. Dès lors, la politique de l'emploi doit devenir une politique d'accompagnement des restructurations visant tout à la fois à soutenir la mobilité des personnes, à apporter des garanties aux chômeurs, et à favoriser l'adaptation de la main-d'œuvre.

C'est à cette époque que les principaux instruments de la politique de l'emploi sont mis en place. En 1958, à la suite de l'invitation du général de Gaulle faite aux partenaires sociaux de créer un dispositif permettant de faire face à la perte d'emploi, est créé le régime d'assurance chômage, destiné à limiter les effets économiques et sociaux du chômage et à favoriser une « recherche plus rationnelle d'emploi ». L'Union nationale interprofessionnelle pour l'emploi dans l'industrie et le commerce (UNEDIC) est mise en place par les organisations patronales et syndicales : ce sont elles qui gèrent le régime, de façon paritaire, et qui négocient tous les deux ou trois ans une convention d'assurance chômage. Celle-ci détermine le montant des cotisations, ainsi que la durée et le montant des prestations. Cette convention doit être agréée par l'État.

En 1963, est créé le Fonds national pour l'emploi (FNE), qui vise à faciliter les restructurations industrielles et en 1967, est mise en place l'Agence nationale pour l'emploi (ANPE), chargée de recueillir et de centraliser les informations sur les postes disponibles en vue de placer les demandeurs d'emploi. L'ANPE recueille et traite les offres d'emploi, accueille et oriente les demandeurs d'emploi ; elle fournit les statistiques au ministère du Travail tous les mois et gère la liste des demandeurs d'emploi.

À la suite des chocs pétroliers des années 1970, le chômage augmente fortement : la barre du million de demandeurs d'emploi est franchie en 1977, le seuil de 2 millions est dépassé en 1982. Le plan de relance du gouvernement Mauroy (augmentation du SMIC, du minimum vieillesse, des allocations handicapés, familiales et logement) entraîne un creusement des déficits budgétaires et commerciaux. Les politiques keynésiennes, déjà remises en cause dans plusieurs pays, le sont désormais en France : elles sont considérées comme inefficaces en économie ouverte.

C'est alors que vont être déployées des politiques spécifiques d'emploi et notamment toute une panoplie de contrats aidés, dans le secteur marchand ou non marchand, censés aider leurs bénéficiaires à supporter l'absence d'emploi ou à en retrouver. Parmi ces politiques spécifiques citons les préretraites, très fortement mobilisées pendant la première moitié des années 1980 ; les mesures en faveur des jeunes (par exemple les TUC, travaux d'utilité collective, ou les CES, contrats emploi-solidarité) puis celles envers les chômeurs de longue durée. On parle désormais de traitement social du chômage. Le décompte des chômeurs devient alors un moment politique majeur.

Comment compte-t-on les chômeurs ?

Dans un remarquable article publié en 1984, repris dans un ouvrage collectif intitulé *L'Invention du chômage*[1], l'économiste Bénédicte Reynaud a montré comment la catégorie de chômeur avait émergé à la fin du XIXe siècle en même temps que celle de travailleur salarié. Au milieu du XXe siècle, les définitions officielles du chômage reconnaissent comme chômeurs non seulement les salariés ayant connu une rupture de leur contrat de travail, mais aussi celles et ceux qui n'ont jamais travaillé et recherchent un emploi (comme les jeunes ou les femmes). Dès la fin des années 1960 pourtant, des débats apparaissent sur la définition et la mesure du chômage, notamment autour de la question du caractère effectif de la recherche d'emploi mais aussi du flou entourant la distinction entre emploi et chômage. En effet, y compris en raison du fort développement des contrats aidés et des politiques d'emploi, de plus en plus de formes atypiques d'emploi se sont développées, qui s'éloignent toujours plus de la norme de l'emploi à temps plein.

1. Robert Salais, Nicolas Baverez et Bénédicte Reynaud, *L'Invention du chômage*, PUF, « Quadrige », 1999.

En 1992, il est décidé de créer différentes catégories au sein de la liste des demandeurs d'emploi tenue par l'ANPE : huit catégories permettaient de distinguer ceux-ci selon qu'ils n'avaient pas du tout d'emploi ou exerçaient une activité réduite de courte ou de longue durée. Aujourd'hui, la statistique administrative de Pôle emploi (désormais France Travail) est l'une des deux sources permettant de mesurer le chômage. Depuis 2008, les demandeurs d'emploi sont classés en cinq catégories selon qu'ils sont sans emploi (catégorie A), ont exercé une activité réduite courte (catégorie B) ou longue (catégorie C) et selon qu'ils sont tenus de faire des actes positifs de recherche d'emploi (A, B, C) ou non (D, E). La publication des chiffres du chômage – et notamment de la catégorie A – est un moment politique sensible, à tel point que depuis 2018, elle est devenue trimestrielle et non plus mensuelle.

L'autre source est une enquête effectuée régulièrement par l'INSEE, l'enquête Emploi, qui permet de publier un chiffre offrant des comparaisons internationales car tous les pays doivent respecter les mêmes règles – fixées par le BIT – pour calculer le taux de chômage. Un chômeur « au sens du BIT » est une personne âgée de

15 ans ou plus qui doit remplir *simultanément* les trois conditions suivantes :

– être sans emploi durant une semaine précise, dite « semaine de référence » ;

– être disponible pour travailler dans les deux semaines à venir ;

– et avoir effectué, au cours des quatre dernières semaines, une démarche active de recherche d'emploi ou avoir trouvé un emploi qui commence dans les trois mois.

Il existe parfois de fortes différences entre le chiffre de France Travail et celui de l'INSEE. En effet, toutes les personnes inscrites à France Travail ne remplissent pas nécessairement les critères stricts du BIT (on parle alors de « halo du chômage ») et symétriquement, certains chômeurs ne sont pas inscrits par exemple parce qu'ils sont découragés.

À la fin des années 1980, les politiques spécifiques d'emploi sont remises en cause. La fameuse étude sur l'emploi de l'Organisation de coopération et de développement économique, OCDE, publiée en 1994, dénonce les rigidités du marché du travail et met en cause les règles qui encadrent l'embauche et la rupture du contrat de travail.

Les politiques s'appuient alors sur une nouvelle conception du chômage et de nouvelles mesures, notamment une politique d'allégement des cotisations sociales mais aussi du droit du travail. Elles vont constituer le nouveau cœur de la politique d'emploi.

Comment le chômage est-il devenu volontaire ?

Comme l'ont expliqué les économistes Christine Erhel et Hélène Zajdela dans leur article intitulé « Que reste-t-il de la théorie du chômage de Keynes ?[1] », pour l'auteur de la *Théorie générale de l'emploi, de l'intérêt et de la monnaie* (publiée en 1936), le chômage s'explique principalement par une insuffisance de la demande effective. Il est donc involontaire, et l'injection dans le circuit économique de dépenses visant à augmenter celle-ci, notamment des prestations destinées aux individus ayant la plus forte propension à consommer, est recommandée.

Au cours des années 1970, aux États-Unis, les républicains, entre autres Nixon, remettent en

1. Christine Erhel et Hélène Zajdela, « Que reste-t-il de la théorie du chômage de Keynes ? », *L'Actualité économique*, vol. 79, mars-juin 2003, p. 163-177.

cause la politique de « guerre contre la pauvreté » mise en place auparavant par le président démocrate Johnson – en particulier les prestations sociales dirigées sans conditions vers les pauvres. L'idée que ces prestations désincitent au travail se développe, de même que la notion de dépendance aux allocations qui constituera un des thèmes de campagne du démocrate américain Bill Clinton puis du travailliste britannique Tony Blair. Tous deux indiquent vouloir en finir avec l'État-providence « tel que nous le connaissons ». Le terme de *workfare* utilisé par Nixon, qui signifie qu'il ne faut distribuer des aides qu'en les conditionnant à du travail, est désormais revendiqué par les socio-démocrates. Ces idées se diffusent parallèlement à la forte remise en cause de la théorie keynésienne par les tenants du monétarisme, qui montrent que cette dernière génère de l'inflation. Tout cela va conduire à un changement radical de la conception du chômage, promu par les instances internationales, en particulier l'OCDE.

À mesure que le keynésianisme est fortement remis en cause (notamment sous le coup des critiques de Milton Friedman), les théories du chômage connaissent donc une intense transformation. Désormais, le chômage ne s'explique plus principalement par une insuffisance de la demande globale mais par le différentiel existant entre la productivité marginale des individus et le coût marginal du travail. L'employeur n'embauche plus si le second est supérieur à la première. Le coin socio-fiscal (la différence entre le salaire net que reçoit le salarié et le coût total d'un travailleur pour l'entreprise) est mis en avant comme l'une des explications du chômage. Le coût du travail est considéré comme trop élevé, les salaires trop rigides, la protection de l'emploi trop forte.

Si les chômeurs ne sont pas employés c'est non seulement parce que leur coût total est bien supérieur à leur productivité marginale, mais aussi parce que trop de règles empêchent l'adaptation souple et rapide de la main-d'œuvre à la conjoncture économique. Comme l'explicite l'OCDE, si les entreprises des pays les plus riches veulent se maintenir dans la compétition internationale, dans une économie de plus en plus mondialisée, ouverte et concurrentielle, le coût du travail doit être considéré comme un élément central de compétitivité.

La meilleure façon de combattre le chômage est donc, selon l'institution, de faire baisser les salaires jusqu'au niveau où offres et demandes s'équilibrent et de réduire les obstacles à cette convergence.

Le chômage est structurel et d'une certaine façon volontaire. Il est donc nécessaire de mettre en œuvre des réformes structurelles du marché du travail de manière à rendre celui-ci plus flexible. Dans cette conception, l'ensemble des règles et des institutions encadrant le fonctionnement du marché du travail (SMIC, procédure de licenciement, syndicats, indemnisation du chômage…) constitue autant d'éléments entravant l'allocation naturelle des emplois. Parmi les réformes structurelles du marché du travail mises en œuvre dans les années 1990 et 2000 au Royaume-Uni, en Allemagne ou en France, la réforme de l'indemnisation du chômage va tenir une place importante.

Pourquoi les réformes de l'indemnisation du chômage se succèdent-elles ?

L'architecture institutionnelle de la protection contre le risque chômage n'a jamais vraiment été bien adaptée au traitement d'un chômage de masse. Le régime d'assurance, géré par les partenaires sociaux, a comme limite de réduire la couverture chômage lorsqu'une crise survient – car les employeurs ne peuvent pas ou ne veulent pas augmenter les cotisations – et donc de ne pas être contracyclique. Le régime de solidarité géré par l'État ne parvient pas non plus à couvrir tout le monde. Il a donc toujours existé une proportion importante de chômeurs non indemnisés, en particulier les jeunes et les personnes ayant travaillé trop peu de temps. De ce fait, le revenu minimum d'insertion, RMI, puis le revenu de solidarité active, RSA, ont souvent joué le rôle de « troisième composante de l'indemnisation du chômage ».

Mais plus qu'à cette question, les gouvernements successifs ont eu de plus en plus tendance à prêter attention à la désincitation au travail que produirait le fait d'accorder un revenu à ceux qui sont au chômage. Les théories économiques soutenant que donner un revenu de remplacement incite les personnes à rester plus longtemps au chômage et à ne pas rechercher un emploi assez activement se sont largement développées ces trente dernières années. Selon ces théories, l'allocation chômage modifierait l'arbitrage des individus entre travail et loisir… D'où des réformes visant à renforcer les sanctions envers les chômeurs qui ne recherchent pas assez activement un emploi ou refusent de prendre un emploi qui ne leur convient pas, mais aussi divers mécanismes comme le fait de rendre les allocations dégressives (c'est-à-dire diminuant avec le temps) ou encore la révision de la durée et du montant des allocations.

La coexistence de difficultés de recrutement ou d'emplois vacants et d'un taux de chômage élevé conduit régulièrement certains responsables politiques à considérer qu'il y a là la preuve d'un refus de travailler que l'indemnisation chômage encourage. D'où les multiples réformes du régime imposées par les gouvernements ces dernières années : augmentation des sanctions envers les chômeurs, allongement de la durée de travail nécessaire pour être pris en charge (il faut aujourd'hui avoir travaillé 6 mois dans les 24 derniers mois contre 4 mois sur les 28 derniers mois auparavant, ce qui rend l'accès plus difficile pour les jeunes), allocation dégressive pour les salariés gagnant plus de 4 500 euros brut mensuels (alors que ces personnes sont en général beaucoup moins au chômage que les autres), changement des modalités de calcul du salaire journalier de référence, qui sert de base au calcul de l'allocation chômage… Enfin, la réforme la plus récente, prenant acte de la diminution du taux de chômage a prévu la diminution d'un quart du montant de l'allocation lorsque le taux de chômage national est inférieur à un certain seuil.

La France n'est pas la seule à avoir mis en place une telle politique. Les réformes du chancelier allemand Schröder avaient visé, au début des années 2000, à pousser les chômeurs de longue durée à prendre des emplois à bas salaires pendant que le Royaume-Uni multipliait les pratiques visant à pousser les chômeurs à reprendre n'importe quel emploi en vertu du *workfirst* : mieux vaut un mauvais emploi que pas d'emploi du tout.

Les résultats de ces politiques sont ambigus. Si certains chômeurs ont ainsi retrouvé du travail, d'autres sont désormais passés complètement sous les radars. La sélectivité du marché du travail est en contradiction totale avec cette idée que tout demandeur d'emploi doit pouvoir retrouver aussi vite que possible un emploi. Les politiques publiques et d'entreprises visant au maintien des compétences, à l'anticipation de la déqualification et des reconversions produiraient sans doute des effets moins pervers.

Pourquoi la loi « pour le plein-emploi » pourrait ne rien régler ?

Alors que la notion de contrepartie – évoquée lors du débat parlementaire de 1988 précédant le vote à l'unanimité en faveur du RMI –, avait été clairement repoussée et que la loi créant le RMI avait au contraire indiqué que l'insertion sociale et professionnelle des personnes en difficulté était un « impératif national », qui obligeait donc toute la société, la loi pour le plein-emploi de 2023 exige que les allocataires s'acquittent d'« au moins quinze heures » d'activité hebdomadaire pour toucher les 635 euros mensuels.

Certes, cette durée pourra être minorée « pour des raisons liées à la situation individuelle de l'intéressé », notamment en cas de handicap, de problèmes de santé ou de garde d'enfants de moins de 12 ans. Mais les cas sont rares et les situations feront l'objet d'un examen attentif. Quant au contrat d'engagement qui liera l'allocataire et France Travail, il ne sera plus réciproque comme il l'était auparavant. Cette politique s'inscrit dans une triple perspective : lutter contre la fraude et le travail au noir (une idée répandue étant qu'une partie des allocataires cumulent cette aide et un travail non déclaré) ; obliger les personnes qui sont en état de travailler à montrer qu'elles méritent cette aide et sans doute les inciter à reprendre un emploi ; permettre à celles et ceux qui en sont durablement éloignés de renouer sinon avec l'emploi, du moins avec l'activité en levant un à un ce que l'on appelle les « freins à l'emploi ».

Ces politiques de *workfare* ont été mises en œuvre aux États-Unis, en Allemagne et au Royaume-Uni à des degrés divers et sous des modalités différentes. Leurs effets sont toujours les mêmes : certaines personnes, les plus proches de l'emploi, reviennent sur le marché du travail et reprennent des emplois – trop souvent de piètre qualité – mais d'autres, découragées, ne demandent plus l'allocation et disparaissent des radars, venant ainsi gonfler les cas de non-recours. Une telle politique suppose de surcroît que la collectivité sera capable de trouver des activités pour toutes celles et tous ceux qui seront considérés en état de les exercer, en empruntant un étroit chemin de crête bordé d'un côté par le travail forcé et de l'autre par l'État employeur en dernier ressort. C'est d'ailleurs pour cette dernière raison que les républicains américains avaient finalement renoncé à cette politique dans les années 1990 : ils craignaient que l'État ne doive inventer de nouveaux emplois et qu'une charge trop lourde ne lui incombe.

La réussite de cette politique suppose que le réseau France Travail assure une ferme coordination entre l'action des départements et de l'État, et que les moyens humains et les crédits consacrés à l'insertion et à la formation soient suffisants pour que des actions ambitieuses permettent de sortir les allocataires des situations souvent très difficiles dans lesquelles ils se trouvent. Elle suppose enfin que la puissance publique et les entreprises soient capables de proposer en nombre suffisant des postes aux conditions de travail soutenables et convenablement payés. Dans le cas contraire, cette politique n'aurait servi qu'à rendre impossibles les arrangements qui permettent actuellement à des centaines de milliers de personnes de survivre et à faire finalement « remuer de la boue » à celles et ceux à qui la collectivité donne une aide très modeste. Ce fut le cas en 1848 avec les ateliers nationaux de la Seconde République qui durent être fermés et conduisirent aux journées de juin et à la répression sanglante du mouvement ouvrier qui s'ensuivit.

2

Quelles politiques au service du plein-emploi ?

Le néolibéralisme contre les politiques sociales

Qu'est-ce que le néolibéralisme ?

Michel Foucault a consacré aux origines et à la diffusion du néolibéralisme plusieurs des cours qu'il a dispensés en 1979 qui ont été rassemblés et publiés depuis sous le titre *Naissance de la biopolitique*[1]. Je conseille vivement la lecture de ce texte absolument remarquable. Je recommande également la lecture du livre de François Denord, *Le Néolibéralisme à la française*[2], publié en 2007, qui s'intéresse plus particulièrement aux origines et aux traductions françaises de cette doctrine.

1. *Op. cit.*
2. François Denord, *Le Néolibéralisme à la française. Histoire d'une idéologie politique*, Éditions Demopolis, 2007.

C'est dans la leçon du 31 janvier 1979 que Foucault commence à aborder la question des origines et de la diffusion du néolibéralisme en rappelant qu'il a deux ancrages : un ancrage allemand d'abord, qui s'accroche à la république de Weimar, à la crise de 1929, au développement et à la critique du nazisme et à la reconstruction d'après-guerre ; un ancrage américain ensuite, qui se réfère à la politique du New Deal, à la critique de la politique de Roosevelt et qui va s'organiser, surtout après la guerre, contre l'interventionnisme fédéral et les programmes d'assistance mis en place par les administrations démocrates. Au cœur de ces deux formes de néolibéralisme, un même ennemi : Keynes, la planification, l'interventionnisme d'État.

Pour montrer le rapport intime qu'entretient le néolibéralisme avec la question de l'État, Foucault s'attarde d'abord sur un évènement qui peut paraître anodin mais dont il montre tout le sens. Après la capitulation du 8 mai 1945, l'État allemand n'existe plus et le territoire allemand est découpé en quatre zones d'occupation. En avril 1948, Ludwig Erhard, responsable de l'administration allemande de la zone anglo-américaine et futur ministre fédéral de l'Économie, réclame la libération des prix. Il faut, argumente-t-il, libérer l'économie des contraintes étatiques et éviter l'anarchie et l'État-termite car « seul un État établissant la responsabilité et la liberté des citoyens peut légitimement parler au nom du peuple ». Prise dans son sens trivial, cette phrase signifie qu'il ne faut accorder aucune légitimité aux mesures qui ont été prises sous le nazisme. Mais plus profondément, selon Foucault, elle indique que l'institution de la liberté économique va fonctionner comme une amorce pour la formation d'une souveraineté politique dont l'Allemagne ne dispose plus. En effet, à partir de ce moment, l'économie va produire de la souveraineté politique et de la légitimité pour l'État qui en sera le garant. L'économie est donc créatrice de droit public. La liberté économique produit un consensus permanent. L'Allemagne, écrit Foucault, est « un État radicalement économique ».

La proposition de Ludwig Erhard a d'abord suscité de nombreuses résistances, à la fois de la part des puissances occupantes, des syndicats et des partis de gauche. Mais le parti socialiste, le SPD, resté marxiste après la Seconde Guerre mondiale, défenseur de la lutte des classes et de la nécessaire socialisation des moyens de production, va basculer lors du congrès de Bad Godesberg, en 1959, en renonçant à ces deux principes. Il reconnaît ainsi que la propriété privée des moyens de production doit être protégée par l'État. Pourquoi ce renoncement ? Parce que, argumente Foucault, s'il voulait encore participer au jeu politique, il fallait bien que le SPD accepte ces nouvelles règles du jeu, au fondement desquelles se trouve l'idée que l'économique est premier par rapport à l'État. En 1963, la dernière étape est franchie : le futur ministre fédéral de l'Économie, socialiste, Karl Schiller, prône le renoncement à toute forme de planification. Même souple, c'est un danger pour l'économie libérale. La gouvernementalité néolibérale est née.

Pourquoi les penseurs néolibéraux détestent-ils le planisme ?

Dans son cours sur le néolibéralisme, Michel Foucault s'intéresse aux théoriciens du néolibéralisme, en particulier à ceux qui entouraient le futur chancelier Ludwig Erhard en 1948 et ont construit cette nouvelle articulation entre économie et politique qualifiée de néolibérale. Trois économistes en particulier émergent : Walter Eucken, qui créera en 1936 une revue intitulée *Ordo* (d'où l'ordo-libéralisme), Wilhelm Röpke et Friedrich Hayek, qui fondera en 1947 la société du Mont-Pèlerin, une société secrète dont l'objectif est de favoriser l'économie de marché et la société ouverte à l'échelle mondiale. Les trois hommes sont profondément anti-keynésiens et ont été très marqués par le nazisme. Alors que l'Europe a été gagnée par le keynésianisme – qui prône une forte intervention économique de l'État permettant d'atteindre le plein-emploi – et que les pays en guerre ont mis en place une production très centralisée, ces trois personnages vont réussir à assimiler nazisme, keynésianisme et planisme[1]. Je vais m'arrêter un instant sur Hayek.

En 1944, réfugié au Royaume-Uni, il publie *La Route de la servitude*[2]. Dans cet ouvrage, il alerte sur la gravité du péril qui menace ce pays. S'agit-il du risque d'invasion par les nazis ? Pas du tout. Il s'agit du rapport Beveridge, qui a été publié en 1942 et qui promeut le développement d'une nouvelle société dans laquelle l'État aura pour fonction d'assurer le bien-être de tous ses citoyens en glissant sous leur pied un filet de sécurité et en mettant en place un système national de

1. Théorie économique développée au cours des années 1930 promouvant l'idée qu'un plan (planification) est nécessaire pour contrer les « effets pervers » et la « myopie » du marché.

2. Friedrich August von Hayek, *La Route de la servitude*, 1944, trad. fr. 1945, rééd. PUF, « Quadrige », 2002.

santé : le fameux *welfare state*. Dans *Full Employment in a free Society* – « le plein-emploi dans une société libre » –, un autre texte très important publié en 1944, dont le ton et les idées sont très keynésiens, William Beveridge précise comment l'État doit intervenir dans la vie économique pour atteindre et maintenir le plein-emploi. Hayek voit dans cet ensemble d'idées une menace majeure contre la liberté et donne sa propre interprétation de l'origine du nazisme. Gardons-nous de croire, dit-il, que le nazisme serait l'enfant monstrueux d'un peuple atteint d'un vice congénital. C'est au contraire le résultat prévisible d'un ensemble d'idées et de politiques qui ont été développées et portées à leur perfection en Allemagne, en particulier le socialisme et son âme damnée, le planisme.

Hayek précisera dans ses travaux futurs, notamment dans *Droit, législation et liberté* (1973), sa critique de la planification et d'une manière générale de l'intervention de l'État dans la vie économique. Il se sert pour cela de l'idée qu'il existerait deux types d'ordre. Un ordre spontané (*kosmos*), qui émerge de l'action des hommes et non de leurs desseins et qui découle d'une adaptation des individus à certaines règles de conduite sans qu'ils en soient nécessairement conscients. Et un ordre organisé ou fabriqué (*taxis*), produit de manière intentionnelle, résultat d'une construction humaine. La thèse d'Hayek est que nos capacités humaines sont beaucoup trop limitées pour organiser de façon satisfaisante la vie en société. Toute intervention directe risque d'entraîner des effets pervers, sinon des catastrophes. Nous ne pouvons le faire que de manière indirecte, en faisant respecter et en améliorant les règles qui conduisent à la formation d'un ordre spontané. Dès lors, planisme, socialisme et keynésianisme constituent de graves périls qui mettent l'humanité en danger. L'échange libre entre individus par le marché est le seul moyen de coordonner sans contrainte les actions de personnes qui ne se connaissent pas et partagent des objectifs différents et le meilleur fondement d'une société libre. Cet ordre est nécessairement fondé sur des règles de droit abstraites. Quel est le rôle de l'État dans tout cela ?

Le néolibéralisme est-il la poursuite du libéralisme par d'autres moyens ?

Dans *Naissance de la biopolitique*, Michel Foucault répond à cette question. Au XVIIIe siècle, soutient-il, on demandait à l'économie de marché de dire à l'État : « À partir de telle limite, quand il s'agira de telle question et à partir des frontières de tel domaine, tu n'interviendras plus. » Il s'agissait donc d'empêcher l'État d'empiéter sur le marché. Mais pour les néolibéraux, ce n'est pas assez. On se souvient que pour eux, le nazisme, le keynésianisme et le planisme ont une même origine : la croissance indéfinie du pouvoir étatique, ou pour le dire de façon encore plus ramassée, l'intervention de l'État. Puisque l'économie de marché a été totalement disculpée et que ce n'est pas son pouvoir à elle mais celui de l'État qui doit être limité, c'est donc à elle que le rôle principal doit revenir, à la différence de ce qui se passait dans le libéralisme classique. Autrement dit, puisque l'État est, de toute façon, porteur de défectuosités intrinsèques, demandons à l'économie de marché d'être en elle-même non pas seulement le principe de limitation de l'État mais le principe de régulation interne de l'État de bout en bout de son existence et de son action.

Le néolibéralisme n'est donc pas du tout la résurgence des vieilles formes de l'économie libérale, poursuit Foucault. Au XVIIIe et au XIXe siècle, les libéraux soutenaient qu'il fallait que l'État s'abstienne de modifier l'état de concurrence tel qu'il existe ; le principe de la libre concurrence se traduisait par le principe du laissez-faire. Les néolibéraux rompent avec ce raisonnement. Car pour eux, la concurrence, loin d'être une donnée de nature, est un objectif qui exige une politique indéfiniment active, un objectif de l'art gouvernemental. Le néolibéralisme ne se place donc pas sous le signe du laissez-faire mais au contraire sous le signe d'une vigilance, d'une activité, d'une intervention permanente. Cette vigilance doit être exercée grâce à l'économie de marché. Le gouvernement doit accompagner de bout en bout l'économie de marché. Autrement dit, ajoute Foucault, il faut un État sous surveillance du marché plutôt qu'un marché sous surveillance de l'État.

Foucault trouve notamment la preuve de tout ceci dans les interventions qui ont lieu au cours du colloque Walter Lippmann, une réunion très importante qui se tient en 1938 en France et qui réunit libéraux traditionnels et néolibéraux. Il y a là Wilhelm Röpke, Friedrich Hayek, Ludwig von Mises, mais aussi Jacques Rueff ou Raymond Aron. C'est dans le résumé de ce colloque que Foucault repère les principales propositions de ce qui deviendra le néolibéralisme. Foucault relève en particulier cette phrase : « La liberté du marché nécessite une politique active et extrêmement vigilante. » Finalement, ce sur quoi il faut intervenir, c'est non pas sur les mécanismes de l'économie de marché mais sur les conditions du marché. Plus précisément l'objet de l'attention constante du gouvernement doit être le cadre, c'est-à-dire le maintien d'un ordre concurrentiel régulateur de l'économie. Il ne s'agit donc surtout pas d'intervenir pour corriger les prix dans un sens ou dans un autre ou encore de redistribuer. Deux types d'action seulement sont autorisés. Des actions régulatrices qui doivent viser uniquement à la stabilité des prix et à la lutte contre l'inflation et surtout pas au maintien du pouvoir d'achat ou du plein-emploi. Et des actions ordonnatrices qui agissent sur le cadre. Nous allons voir que c'est toute la politique sociale, notamment celle qui découle des analyses de Keynes et Beveridge, qui est ainsi radicalement remise en cause.

Quelle politique sociale pour le néolibéralisme ?

C'est dans le cours du 14 février 1979 que Michel Foucault aborde la question de la politique sociale. Il rappelle d'abord que dans les années 1950, un consensus existait autour de l'idée que la politique sociale avait pour objectif de produire une relative péréquation de l'accès de chacun aux biens consommables, de faire contrepoids aux processus économiques sauvages générateurs d'inégalités et de socialiser certains types de consommation. La politique sociale devait aussi organiser des transferts de revenus et être d'autant plus généreuse que la croissance était forte. Les néolibéraux vont remettre en cause chacun de ces éléments. D'abord, selon eux, une politique sociale ne peut pas se donner pour objectif l'égalité. Elle doit au contraire laisser jouer l'inégalité : le jeu économique est en effet une sorte de grand régulateur général de la société auquel chacun doit se prêter et se plier. Donc pas d'égalisation et pas de transferts de revenus sauf pour assurer un minimum vital à ceux qui ne peuvent pas assurer leur propre existence.

Ensuite, l'instrument de cette politique sociale ne peut pas être la socialisation de la consommation et des revenus mais au contraire une privatisation : chacun doit s'assurer individuellement. La forme fondamentale de la politique sociale, écrit Foucault, ne doit pas être quelque chose qui viendrait contredire et compenser la politique économique. Dès lors, il n'y a qu'une sorte de politique sociale légitime : la croissance économique. « C'est la croissance économique, écrit-il, qui, à elle seule, devrait permettre à tous les individus d'atteindre un niveau de revenus qui leur permettrait ces assurances individuelles, cet accès à la propriété privée, cette capitalisation individuelle ou familiale avec laquelle ils pourraient éponger les risques. »

Il rappelle que c'est un conseiller du chancelier Erhard qui a promu cette approche et l'a qualifiée d'économie sociale de marché mais que pour un tas de raisons, cette politique n'a pas pu être complètement mise en œuvre en Allemagne. Pourtant, ajoute-t-il, l'idée d'une privatisation des mécanismes d'assurance, l'idée en tout cas que c'est à l'individu, par l'ensemble des réserves dont il va pouvoir disposer, de se protéger contre ces risques, cet objectif est celui que vous voyez à l'œuvre dans les politiques néolibérales telles que celle que nous connaissons actuellement en France. C'est ça la ligne de pente. La politique sociale privatisée.

Dans le cours du 7 mars, Foucault déploie une analyse magistrale montrant quand la France a basculé dans le néolibéralisme. Depuis l'après-Seconde Guerre mondiale la France poursuivait une politique visant la redistribution et le plein-emploi, qui utilisait comme instrument la Sécurité sociale et un financement par les cotisations sociales. Selon le père de la Sécurité sociale lui-même, Pierre Laroque, ce type de financement ne pesait en aucune manière sur l'économie puisqu'il s'agissait d'une partie du salaire. Mais en 1976, un rapport réalisé par des élèves de l'ENA développe une analyse radicalement différente. Il défend au contraire l'idée que la Sécurité sociale a de lourdes incidences sur l'économie notamment parce qu'elle rend le travail plus coûteux, provoque donc une augmentation du chômage et introduit une distorsion dans les revenus. La Sécurité sociale, écrivent les énarques, introduit un certain nombre d'effets économiques. Or, continuent-ils, l'objectif de la Sécurité sociale n'est pas et ne doit pas être de nature économique. La Sécurité sociale doit rester économiquement neutre. Cette idée typiquement néolibérale avait déjà été développée, indique Foucault, en 1972, par le ministre des Finances, un certain Valéry Giscard d'Estaing, qui soutenait que dans une politique économique saine il faudrait dissocier entièrement d'une part ce qui correspond aux besoins de l'expansion économique et d'autre part ce qui correspond au souci de solidarité et de justice sociale. L'impôt négatif proposé à l'époque par Lionel Stoléru représente la quintessence de cette politique néolibérale qui interdit toute modification de la structure des revenus.

Le néolibéralisme et la fin du plein-emploi

Le projet d'impôt négatif, proposé en 1974 par Lionel Stoléru et Christian Stoffaës, est une idée importée du néolibéralisme américain qui a pour vocation de révolutionner la protection sociale. Il s'agit d'une allocation dont la vocation est d'assurer des revenus complémentaires à tous ceux qui sont en deçà d'un certain seuil parce qu'ils sont vieux, handicapés ou chômeurs. Ciblée sur ces personnes, elle permet d'éviter la mise en place d'un vaste système de redistribution concernant tout le monde. Les plus riches peuvent en effet se débrouiller. Le système de protection sociale doit donc se concentrer uniquement sur la fraction la plus pauvre de la population.

Foucault remarque d'abord qu'avec ce dispositif, on traite les effets de la pauvreté mais en aucune manière les causes de celle-ci. C'est surtout une manière, poursuit-il, d'éviter tout ce qui pourrait avoir des effets de redistribution générale des revenus, c'est-à-dire tout ce qu'on pourrait placer sous le signe d'une politique socialiste. La caractéristique de cet impôt négatif, c'est d'assurer d'une certaine façon une sécurité générale mais par le bas, c'est-à-dire que dans tout le reste de la société, on va pouvoir laisser jouer les mécanismes économiques, les mécanismes de la concurrence, les mécanismes de l'entreprise. Au-dessus d'un certain seuil, écrit Foucault, chacun devra être pour lui-même ou pour sa famille en quelque sorte une entreprise.

Ce qui suit est bouleversant de clairvoyance. Ce que Foucault explique, en effet, c'est que l'on va avoir une population qui va être, du côté du plancher économique, en perpétuelle mobilité entre une assistance qui sera accordée si un certain nombre d'aléas se produisent et qui sera au contraire utilisable et utilisée si les besoins économiques le nécessitent. Ce sera donc, écrit Foucault, une sorte de population flottante *infra* et *supra* liminaire, qui constituera, pour une économie qui a renoncé au plein-emploi, une perpétuelle réserve de main-d'œuvre dans laquelle on pourra puiser si besoin mais également renvoyer à son statut d'assisté quand cela sera nécessaire.

La conclusion de ce chapitre mérite attention. Avec ce système-là, qui n'a pas encore été appliqué, rappelle Foucault, mais qui constitue les linéaments de la politique de Raymond Barre et de Valéry Giscard d'Estaing, on a la constitution d'une politique économique qui n'est plus centrée sur le plein-emploi, qui en fait ne peut s'intégrer à l'économie générale de marché qu'en renonçant à cet objectif du plein-emploi. Il s'agit de disposer en permanence d'une population flottante prête à travailler si nécessaire, une réserve de main-d'œuvre artificiellement fabriquée à la différence de la manière dont les paysans avaient permis de servir de réserve de main-d'œuvre au capitalisme du XIXe siècle au moment de la révolution industrielle. Un projet comme celui-là, explique Foucault, n'est rien d'autre que la radicalisation de la doctrine explicitée par les ordolibéraux : la politique sociale ne doit surtout pas toucher au mécanisme économique, elle doit au contraire laisser la société se développer comme une société d'entreprise et mettre en place simplement un dispositif léger destiné exclusivement à ceux qui en ont besoin quand ils en ont besoin. L'exacte antithèse du projet du CNR, le Conseil national de la Résistance.

Quel avenir pour l'entreprise ?

Les travaux récents ont mis en évidence que la grande entreprise moderne, celle décrite par Alfred Chandler, était née à la fin du XIXe siècle et que d'autres formes d'organisation l'avaient précédée.

La fonction que lui a assignée l'économiste américain Milton Friedman – faire du profit pour les actionnaires – est de plus en plus remise en cause. L'idée que l'entreprise est aussi au service des autres parties prenantes s'impose, de même que la conviction qu'elle doit rendre des comptes sur les effets qu'elle exerce sur son environnement. Comment peut-elle assurer ses différentes fonctions, comment partager le pouvoir au sein de l'entreprise entre les représentants des actionnaires et ceux des travailleurs ? Comment l'entreprise peut-elle se mettre au service de l'intérêt général et contribuer à réparer le monde ?

Comment est née l'entreprise moderne ?

Dans les travaux qu'elle a consacrés à la naissance de l'entreprise, et notamment dans son article « Naissance de l'entreprise et formes antérieures d'organisation », publié dans l'ouvrage intitulé *L'Entreprise. Point aveugle du savoir*[1], l'historienne Claire Lemercier rappelle que l'on n'est pas passé brutalement, au moment de la révolution industrielle, de l'artisanat archaïque à la

1. *L'Entreprise. Point aveugle du savoir* (dir. Blanche Segrestin, Baudoin Roger et Stéphane Vernac), Éditions Sciences humaines, 2014.

grande entreprise fordienne. Croire en cette mythologie, c'est oublier une étape fondamentale, celle de l'entreprise en réseau et de la spécialisation souple, qui s'est développée au cours des deux siècles précédents.

Durant cette période qui s'étale environ de 1680 à 1880 et que l'historien Pierre Gervais a qualifiée d'âge du commerce, ce qui domine n'est en effet pas la grande entreprise moderne, mais l'entreprise en réseau. Durant ces deux siècles, la division du travail se fonde sur des chaînes complexes entre des sociétés distinctes et à durée de vie assez courte, liées par des contrats, plutôt que sur l'organisation d'une entreprise intégrée. La production s'organise le plus souvent de manière décentralisée, dans des réseaux de petites unités plus ou moins subordonnées à des négociants qui eux-mêmes constituent le plus souvent des sociétés de personnes. Même lorsqu'il existe de grandes unités de production avec quelques centaines d'ouvriers, dans la sidérurgie par exemple, on retrouve une série de petits ateliers juxtaposés, sans véritable personnel d'encadrement.

Sociologues et historiens – on pense notamment à Alain Cottereau et à Claude Didry – se sont intéressés aux relations de travail de cette époque, montrant comment des marchands confiaient les matières à des travailleuses et travailleurs à domicile, se transformant parfois ainsi en véritables tâcherons, et rémunérant à la pièce – et le moins possible – ce travail. D'où l'expression de *sweating system* – le « système de la sueur » – dénoncé par Marx en son temps : « Le salaire aux pièces facilite l'intervention de parasites entre le capitaliste et le travailleur, le marchandage (*subletting of labour*). Le gain des intermédiaires, des marchandeurs, provient exclusivement de la différence entre le prix du travail tel que le paye le capitaliste, et la portion de ce prix qu'ils accordent à l'ouvrier. Ce système porte en Angleterre, dans le langage populaire, le nom de "*Sweating system*" », écrivait-il dans le livre I du *Capital*.

En France, ce n'est donc qu'autour de 1880 que naît l'entreprise telle qu'on l'envisage habituellement – la grande firme intégrée produisant des produits standardisés en suivant les principes de la division du travail, employant un groupe bien délimité et relativement stable de salariés, et organisée en société anonyme.

Cette grande entreprise moderne – parfois dite chandlerienne du nom de l'économiste Alfred Chandler qui l'a précisément décrite – présente plusieurs éléments caractéristiques : c'est une entreprise capitaliste, c'est-à-dire orientée vers le profit et la mise en valeur du capital ; elle est de grande taille ; elle est construite sur un système de contrôle et de gestion complexe ; et elle prend dans la plupart des cas la forme d'une société anonyme.

Contrairement à ce que soutiennent certains auteurs, la forme de la société anonyme n'a pas été principalement recherchée dans ses débuts pour la circulation plus large des actions et donc l'accès plus facile au financement qu'elle permettrait mais pour son caractère quasi public. En effet, jusqu'aux années 1820 aux États-Unis, et jusqu'en 1867 en France, c'est une autorité publique, Congrès ou Conseil d'État, qui autorisait la création des sociétés anonymes. Celles-ci disposaient en quelque sorte d'un label public et étaient astreintes à des obligations particulières. Comme l'écrit Claire Lemercier, les seules entreprises qui, par certains côtés, fonctionnaient déjà de manière moderne, telles les compagnies de chemin de fer, étaient dans un rapport de proximité immédiate à l'État et assumaient une fonction de service public, en échange de formes de privilège.

Pourquoi la grande entreprise moderne a-t-elle été inventée ?

Pourquoi à la fin du XIXe siècle la grande entreprise moderne s'est-elle développée, privilégiant ainsi la hiérarchie plutôt que le marché ? C'est la question que pose Ronald Coase dans ses travaux et notamment dans « La nature de la firme » publié en 1937. Dans cet article, l'économiste se demande pourquoi il est parfois plus avantageux de créer une entreprise pour fabriquer un bien ou un service plutôt que d'acheter celui-ci sur le marché. La réponse est issue de ses recherches et observations concrètes : il peut être plus coûteux d'acheter un produit ou ses composants sur le marché que de créer une entreprise. En effet, se procurer le produit sur le marché suppose de supporter ce que Coase appelle des « coûts de transaction ». Ceux-ci recouvrent par exemple la recherche d'information, la négociation des contrats, la surveillance pour s'assurer de la correcte exécution du contrat, etc. Mais fabriquer soi-même le produit en créant une entreprise génère aussi des coûts de coordination. Les deux coûts doivent donc être comparés : lorsque le coût de coordination est inférieur au coût de transaction, la création d'une entreprise est le plus efficace, alors que si le coût de transaction est inférieur au coût de coordination, le recours au marché doit être privilégié.

Quarante ans plus tard, en 1977, l'historien de l'économie américain Alfred Chandler retrouve certaines des explications de Coase dans l'ouvrage qu'il consacre aux origines de l'entreprise moderne : *The Visible Hand : The Managerial Revolution in American Business*[1]. Selon lui, en effet, la grande entreprise a remplacé la petite entreprise traditionnelle lorsque la coordination administrative a permis d'obtenir de meilleurs résultats que la coordination par le marché et lorsque le volume de l'activité économique a atteint un niveau suffisant pour que la première devienne plus efficace que la seconde. L'entreprise industrielle moderne a bénéficié de la révolution des transports permise par la construction de réseaux de chemins de fer qui a permis l'accroissement de la taille des marchés et l'intégration, au sein d'une même entité, de la production et de la distribution de masse.

Selon Chandler, les caractéristiques de la grande entreprise sont les suivantes :

1. Traduit en français sous le titre *La Main visible des managers* et publié en 1989 chez Economica.

– Elle repose sur la forme juridique de la société anonyme – une société de capitaux qui permet de mobiliser l'épargne d'actionnaires anonymes, ce qui autorise une concentration sans précédent de ressources financières, matérielles et humaines.

– Elle est intégrée verticalement : intégration d'activités multiples sous une autorité unique ; intégration des travailleurs dans l'entreprise ; intégration entre moyens de production et travail.

– Elle construit un nouveau système de pouvoir dans lequel la direction de l'entreprise passe des apporteurs de capitaux ou de l'entrepreneur à des gestionnaires professionnels, les managers.

L'entreprise moderne se caractérise en effet par l'emploi d'une hiérarchie de cadres salariés moyens et supérieurs, chargés de superviser et de coordonner le travail des unités qui sont sous leur autorité : il s'agit selon Chandler d'une classe d'hommes d'affaires entièrement nouvelle. L'entreprise moderne est « multidivisionnelle », chaque division ayant sa propre administration, dirigée par un manager salarié à temps plein et disposant de sa propre comptabilité. La main visible des managers a donc remplacé la main invisible des forces du marché.

Chandler retrouve ainsi une des idées majeures d'Adolf Berle et Gardiner Means, exprimée dès 1932 dans *The Modern Corporation and Private Property* : le développement de la grande société par actions et la dispersion de la propriété entre un grand nombre d'actionnaires tend à entraîner la séparation de la propriété et du contrôle de l'entreprise. Les actionnaires considérés comme les propriétaires de la firme n'ont pas le pouvoir de décision qui appartient aux managers.

Pourquoi les actionnaires ne sont-ils pas les propriétaires des entreprises et les dirigeants leurs affidés ?

Les managers dont nous avons suivi l'émergence précédemment vont essuyer durant les années 1960 et 1970 deux sortes de critiques. Dans *Le Nouvel État industriel*[1], John Galbraith – un économiste américain critique de l'économie de marché – reproche à ces gestionnaires, formés aux méthodes scientifiques de gestion dans les business schools et recrutés pour organiser la production, d'imposer leurs choix aux clients et de former une technostructure. Leurs membres font tout pour échapper au contrôle de l'État mais aussi à celui des actionnaires – qui attendent passivement de

1. *Le Nouvel État industriel*, 1967 ; trad. fr. Gallimard, 1968.

recevoir leurs dividendes et n'ont plus voix au chapitre. Les managers n'agissent et ne pensent qu'en fonction de leurs intérêts, soutient Galbraith : salaires élevés, stock-options, avantages de toutes sortes. En 1962, dans *Capitalisme et Liberté*, Milton Friedman défend fermement l'idée que la seule responsabilité des dirigeants d'entreprise est d'assurer à leurs actionnaires un maximum de profits. Il réitérera ce propos dans un fameux article publié le 13 septembre 1970 dans le *New York Times Magazine* où il soutient qu'« il y a une, et une seule responsabilité sociétale de l'entreprise – utiliser ses ressources et s'engager dans des activités conçues pour augmenter ses profits ».

Dans cet article, Friedman expose clairement les liens qui doivent exister entre les actionnaires et les dirigeants : les seconds doivent être au service des premiers. « Dans un système de libre entreprise et de propriété privée, écrit-il, un dirigeant d'entreprise est l'employé des propriétaires de l'entreprise. Il est directement responsable devant ses employeurs. Cette responsabilité est de mener l'entreprise en accord avec leurs désirs, qui en général doivent être de gagner autant d'argent que possible tout en se conformant aux règles de base de la société, à la fois celles représentées par la loi et celles représentées par la coutume éthique [...]

Dans chaque cas l'essentiel est que, dans sa position de dirigeant d'entreprise, le gérant est l'agent des individus qui possèdent l'entreprise ou établissent l'institution de charité, et sa responsabilité principale est envers eux. » Et encore : « La pleine justification qui permet au dirigeant d'entreprise d'être sélectionné par les actionnaires est que le dirigeant est un agent au service des intérêts de son principal. » On reconnaît bien ici la fameuse théorie de l'agence (le gérant est l'agent des propriétaires de l'entreprise et doit mettre l'entreprise à leur plein et entier service) sur laquelle prospérera dans les décennies suivantes la non moins fameuse théorie de la maximisation de la valeur (des actions et des dividendes) pour l'actionnaire.

Et pourtant, toutes ces théories sont aujourd'hui largement remises en cause. Le juriste Jean-Philippe Robé rappelle ainsi que si la société a une existence juridique, ce n'est pas le cas de l'entreprise : en effet, n'étant pas un objet de droit, celle-ci n'est pas susceptible d'être la propriété de qui que ce soit. Par ailleurs, les actionnaires ne sont les propriétaires ni de l'entreprise ni des actifs de celle-ci mais seulement des actions qu'ils ont acquises, ce qui ne leur donne aucun droit de regard sur la conduite de l'entreprise.

À la fin du XIXe siècle, le droit des sociétés s'est progressivement libéralisé et les entreprises se sont vu accorder les mêmes avantages juridiques que les individus, mais à une échelle démesurée. Le contrat de société n'est en effet qu'un accord de volonté entre associés, mais qui a la particularité de conférer la « personnalité morale » à la société en question, qui peut ainsi devenir un nouveau sujet de droit, indépendant et autonome. Ce nouvel ordre juridique a permis à la société commerciale d'accumuler des droits de propriété importants et d'exercer des pouvoirs étendus sur l'ensemble du corps social. Les actionnaires jouissent des privilèges de la propriété sans être responsables des dommages causés par l'entreprise.

Comment mettre l'entreprise au service de l'intérêt général ?

L'idée que l'entreprise aurait pour unique responsabilité d'augmenter les profits des actionnaires est de plus en plus remise en cause. Quelles sont les alternatives ?

Depuis plusieurs décennies, le modèle dit *shareholder* selon lequel la firme serait au seul service des actionnaires est concurrencé par le modèle dit *stakeholder* : dans celui-ci, les autres parties prenantes (employés, sous-traitants, fournisseurs, clients, collectivités, etc.) sont en droit de demander des comptes et de participer au partage de la valeur. En effet, d'une part, les exigences de rendement des actionnaires sont de plus en plus souvent jugées néfastes dans la mesure où elles inciteraient les dirigeants à privilégier une rentabilité à court terme, à réduire les investissements et à comprimer la masse salariale. D'autre part, on considère que les entreprises ne peuvent plus ignorer les conséquences sociales et environnementales de leurs actions.

Depuis la fin des années 1990, la responsabilité sociale des entreprises (RSE) est donc promue – notamment par les organisations internationales. Elle s'entend comme « l'intégration volontaire des préoccupations sociales et écologiques des entreprises à leurs activités commerciales et leurs relations avec leurs parties prenantes », tel que le définit la Commission européenne, et fait l'objet de multiples normes, labels et référentiels qui visent à mesurer leur implication. En France, les lois Grenelle I et II ont ainsi renforcé les obligations de publication des entreprises en matière de RSE.

En 2019, à la suite du rapport Senard-Notat intitulé « L'entreprise, objet d'intérêt collectif », la loi dite PACTE (pour Plan d'action pour la croissance et la transformation des entreprises) a complété les articles du Code civil relatifs à l'entreprise. Il a ainsi été précisé que « la société est gérée dans son intérêt social, en prenant en considération les enjeux sociaux et environnementaux de son activité ». Il a par ailleurs été ajouté que l'entreprise peut se doter d'une raison d'être, et ainsi expliciter la vocation, les engagements et les actions qui guident sa stratégie. Si elle respecte un certain nombre de conditions, la société peut également être qualifiée d'entreprise à mission, ce qui lui permet d'affirmer son engagement dans des missions d'intérêt social et environnemental. Actuellement, il existe en France un peu plus de 1 000 entreprises à mission.

La loi PACTE prévoyait également une augmentation du nombre de représentants salariés au conseil d'administration des entreprises mais celle-ci a été extrêmement faible. On est loin de ce qui existe dans beaucoup d'autres pays européens, notamment dans les pays nordiques ou en Allemagne, avec la co-détermination, comme l'a montré Christophe Clerc dans son rapport[1]. En Allemagne, depuis la loi de 1951, une co-détermination

1. https://www.ilo.org/fr/resource/news/modeles-de-gouvernance-de-lentreprise-structure-diversite-evaluation-et

paritaire est en effet en vigueur dans les sociétés de plus de 1 000 salariés des secteurs du charbon et de la sidérurgie : les représentants au conseil de surveillance sont désignés pour moitié par les actionnaires et pour moitié par les salariés ; ils désignent ensemble le président du conseil de surveillance, qui n'est ni un actionnaire ni un salarié, et qui a voix prépondérante en cas de partage. Depuis 1952, la loi a été étendue aux entreprises de plus de 500 salariés où les représentants des salariés doivent représenter le tiers des membres du conseil de surveillance. Parallèlement, les conseils d'entreprise, composés exclusivement de représentants des salariés, disposent de nombreux pouvoirs.

La meilleure façon pour l'entreprise de tenir compte du bien-être de ses salariés est sans nul doute de rendre incontournable la participation de ceux-ci aux décisions. La co-détermination – qui recouvre de nombreuses formes – est assurément ce qui le permet le mieux. Dans le *Manifeste travail* publié en 2020, nous défendons, avec Isabelle Ferreras, Julie Battilana et neuf autres collègues, le principe du « bicaméralisme » qui consisterait à mettre à égalité les deux parties constituantes de l'entreprise, les investisseurs en travail et les apporteurs en capital. La forme la plus aboutie du gouvernement démocratique de l'entreprise est cependant la forme coopérative, dans laquelle les salariés sont dans le même temps des sociétaires.

Comment l'entreprise peut-elle devenir soutenable ?

Même s'ils continuent de choisir dans leur grande majorité des entreprises traditionnelles qui ne sont pas particulièrement reconnues pour leur investissement écologique, les jeunes diplômés multiplient les prises de position à l'encontre de celles qu'ils considèrent comme toxiques. Leurs pratiques sont de plus en plus scrutées à mesure que leur impact sur le changement climatique est reconnu déterminant. Les labels, normes et référentiels censés mettre en évidence les performances extra-financières des entreprises, notamment en matière environnementale, se multiplient en conséquence. Les critères ESG (environnementaux, sociaux et de gouvernance) par exemple sont censés donner des informations aux investisseurs sur l'implication des entreprises dans ces différents domaines.

La directive européenne dite CSRD (pour « Corporate Sustainability Reporting Directive ») ou encore directive européenne sur la publication d'informations extra-financières pour les grandes entreprises, adoptée en 2022, vise à harmoniser et renforcer les obligations de *reporting* extra-financier des grandes entreprises européennes. Celles-ci devront recueillir et publier un certain nombre de données relatives à leurs impacts sur le climat, les populations ou les écosystèmes et se soumettre à des évaluations prenant en compte ce que l'on appelle la « double matérialité ». La matérialité financière estime les impacts générés par l'environnement économique, social et naturel sur les comptes de l'entreprise alors que la matérialité d'impact estime les impacts négatifs ou positifs de l'entreprise sur son environnement économique, social et naturel.

Mais la prise de conscience et le souhait de contribuer volontairement au changement commencent également à se diffuser parmi les entreprises. C'est ainsi qu'en 2020, 150 d'entre elles se sont regroupées pour créer une association intitulée la Convention des entreprises pour le climat. Il s'agit pour ces dirigeants et dirigeantes, je cite, de « rendre irrésistible la bascule de l'économie extractive vers l'économie régénérative avant 2030 ».

Selon eux, en effet, « les conditions ne sont pas favorables à la prospérité des entreprises, à la sérénité de leurs dirigeants et au bien-être de leurs salariés. Pas plus qu'elles ne sont soutenables sur un plan écologique et social ». Car « le modèle de développement économique actuel repose largement sur un modèle volumique et extractif : vendre plus pour gagner plus est une injonction intenable dans un contexte de limites planétaires dépassées et de fin d'abondance ». Pour ces dirigeants, les stratégies de RSE visant à réduire les impacts négatifs des activités humaines ne sont plus à la hauteur des enjeux ; il est donc nécessaire d'envisager un nouveau type d'entreprise : l'entreprise régénérative. « Régénérer, souligne leur rapport, c'est aller au-delà de la réduction d'impacts négatifs ou de leur neutralisation pour s'engager vers la génération d'impacts positifs nets pour les écosystèmes et la société. »

Une telle démarche est tout sauf simple. Il s'agit notamment pour ces entreprises de réduire considérablement et complètement leur empreinte carbone et donc non seulement les émissions directes de gaz à effet de serre produites par elles (ce que l'on appelle le scope 1), mais aussi les émissions indirectes liées à leur utilisation de l'énergie pour fabriquer le produit (scope 2) ainsi que les émissions indirectes liées aux autres étapes du cycle de vie des biens et services, par exemple toutes celles qui sont liées à l'extraction, au transport, aux déplacements professionnels, aux livraisons en provenance des fournisseurs, etc. (scope 3). Mieux, il s'agit aussi, au-delà de la réduction de l'empreinte environnementale, de contribuer à la régénération du vivant – cet objectif étant inscrit dans la raison d'être de certaines entreprises. C'est donc une véritable révolution pour les entreprises concernées et leurs dirigeants qui s'engagent eux-mêmes et engagent leurs entreprises dans une forme de conversion. Les exemples présentés lors des réunions de ces conventions désormais régionales sont donc extrêmement précieux.

Ce que l'intelligence artificielle fait à l'emploi

L'intelligence artificielle va-t-elle supprimer tous nos emplois ? À échéance régulière, la hantise de la disparition des emplois provoquée par l'automatisation revient agiter le débat public.

Pourquoi l'intelligence artificielle ne va pas nécessairement détruire nos emplois ?

Le lancement en fanfare de ChatGPT, un robot conversationnel capable de répondre à toutes sortes de questions et d'écrire des textes a relancé les polémiques et les inquiétudes dans le monde du travail. Et si ce logiciel supprimait une bonne partie des emplois, notamment les plus qualifiés ? Déjà les médias tendent leurs micros aux « experts » qui dressent la liste des emplois qui seront les premiers à être supprimés.

Cela rappelle étrangement la folie qui s'était emparée du monde en 2013, lors de la publication par deux chercheurs d'Oxford d'un article annonçant la suppression de la moitié des emplois aux États-Unis dans un futur proche. Dans « The Future of Employment : How Susceptible Are Jobs to Computerisation », publié en 2013, Carl Benedikt Frey et Michael A. Osborne étudiaient 702 métiers et estimaient la probabilité qu'ils soient remplacés par des machines intelligentes. Selon l'étude, certains secteurs couraient peu de risques d'être automatisés, comme l'éducation ou la santé. En revanche, les métiers de la vente, les emplois administratifs, agricoles ou même du transport présentaient de très gros risques. Pour les États-Unis, les auteurs estimaient que « 47 % des actifs se trouvent dans un secteur à haut risque de chômage » et que leurs emplois pourraient être remplacés par des robots ou machines « intelligentes » dans un délai de dix à vingt ans. Ces prédictions avaient été scrupuleusement reprises par des cabinets du monde entier, sans aucune distance critique ; ils étaient de ce fait parvenus aux mêmes résultats pour les pays sous revue. L'inquiétude était évidemment à son comble.

Comme l'ont rappelé les sociologues Patricia Vendramin et Gérard Valenduc dans une note de l'Institut syndical européen publiée en mars 2019, intitulée « La fin du travail n'est pas pour demain », l'étude des deux chercheurs d'Oxford a été faite en chambre, sans jamais prendre en compte l'organisation réelle du travail : elle repose en effet sur des avis d'experts en robotique et en intelligence artificielle concernant le potentiel de substitution du travail humain par ces machines. Elle part de l'hypothèse que les performances exponentiellement croissantes des technologies digitales laissent entrevoir, à un horizon d'une ou deux décennies, la possibilité d'informatiser et de robotiser non seulement des tâches routinières, manuelles ou intellectuelles, mais aussi des tâches non routinières, comportant une dimension cognitive importante ou une dimension intuitive.

Les possibilités techniques de substitution sont limitées par ce que les auteurs appellent les « goulots d'étranglement de l'ingénierie », qui sont les tâches pour lesquelles la technologie n'est pas (encore) assez compétitive par rapport à l'être humain. Trois types de goulots d'étranglement sont identifiés : les tâches de perception et de manipulation non structurées ou peu prévisibles, dans des environnements singuliers, exigus ou désordonnés ; les tâches d'intelligence créative, où les robots enrichissent la créativité humaine sans s'y substituer ; les tâches d'intelligence sociale : tâches relationnelles ou émotionnelles, de négociation, de persuasion, de soins personnels, de conversation non codifiable. Les chercheurs calculent une probabilité de substitution du travail humain par la machine, en tenant compte, dans chaque métier, de la proportion de tâches substituables ou non substituables. Les tâches non substituables sont celles pour lesquelles il existe au moins un des trois goulots d'étranglement de l'ingénierie. Plus un métier comporte de tâches substituables, plus sa probabilité de disparition est élevée. Nous allons voir si ces prédictions inquiétantes se sont révélées exactes ou non et dans ce dernier cas, pourquoi il nous faut nous méfier de ce genre de travaux.

Pourquoi les études qui prédisent la fin des emplois doivent-elles être considérées avec prudence ?

Comme le font remarquer fort justement Patricia Vendramin et Gérard Valenduc, l'étude des économistes d'Oxford repose sur une conception simpliste du travail où les métiers sont définis par un assemblage de tâches, semblable dans tous les emplois, et où ce sont essentiellement les technologies et leurs goulots d'étranglement qui déterminent le potentiel d'automatisation de ces tâches.

En effet, une tâche ne peut être définie que par rapport à une organisation collective, à des modalités de spécialisation ou de polyvalence susceptibles de varier considérablement d'une entreprise à l'autre. Un métier ne se définit pas seulement par un assemblage de tâches, rappellent les deux sociologues, mais aussi par un positionnement dans une organisation, par des compétences acquises dans la formation et par l'expérience, par une trajectoire ou une carrière, par l'appartenance à un collectif de travail ou un groupe professionnel. L'organisation du travail est aussi le fruit de rapports de force entre acteurs, de négociations et de compromis.

C'est bien en se démarquant de cette approche trop simpliste qu'une tout autre estimation du nombre d'emplois susceptibles d'être supprimés par l'automatisation a été proposée en 2016 [1].

1. M. Arntz, T. Gregory et U. Zierahn (2016), « The Risk of Automation for Jobs in OECD Countries : A Comparative Analysis », *OECD Social, Employment and Migration Working Papers*, n° 189, OECD Publishing, 2016.

Arntz, Gregory et Zierahn partent du constat qu'au sein d'un même métier, l'hétérogénéité du contenu des emplois est très grande et que, d'un emploi à l'autre, le panier de tâches peut présenter de grandes différences. La plupart des métiers comportent des missions qui ont une probabilité forte, moyenne ou faible de substitution par des machines intelligentes. Leur assemblage varie d'un emploi à l'autre, selon les choix effectués par les employeurs en matière d'organisation du travail, de gestion des compétences, de stratégie d'innovation. De plus, les salariés eux-mêmes ont une certaine intuition de l'évolution technologique et ils tendent à privilégier, dans leur panier de tâches, celles qui entrent le moins en compétition avec les performances des machines intelligentes.

L'étude utilise les mêmes sources que Frey et Osborne pour évaluer le potentiel technique de substitution mais elle s'appuie sur la base de données du programme international d'évaluation des compétences des adultes de l'OCDE pour identifier, au niveau individuel, la variété des tâches au sein des emplois. En d'autres termes, ce ne sont pas des catégories de métiers entières qui sont plus ou moins exposées mais certains emplois à l'intérieur de ces catégories de métiers. Alors que l'étude des deux chercheurs d'Oxford aboutissait à un chiffre de 47 % d'emplois à haut risque, celle des trois chercheurs aboutit, elle, à un chiffre de… 9 %.

Entre 2013 et 2018, au moins six études d'ampleur ont été consacrées au même sujet : leurs prévisions de suppressions d'emplois vont de 9 à 47 % en passant par 10, 14 et 26 %. Plusieurs convergent vers le chiffre de 10 % des emplois supprimés mais aussi vers celui de 50 % des emplois soumis à de fortes transformations. Pour la France, le rapport du Conseil d'orientation pour l'emploi parvient à ces résultats en s'intéressant cette fois à l'expérience des salariés. Il constate 1) que les métiers qui demandent des capacités de flexibilité des tâches, d'adaptabilité, de résolution de problèmes et d'interactions sociales sont en expansion, 2) qu'ils sont relativement préservés de la substitution par les machines car les performances de la technologie et les capacités humaines se complètent et se renforcent mutuellement, 3) que les travailleurs ont tendance à recentrer leur métier sur des tâches moins exposées à l'automatisation. En revanche, les métiers qui ne répondent à aucun de ces quatre critères sont déjà en régression (–9 %) et ils sont plus exposés à la nouvelle vague de digitalisation.

Pourquoi est-il faux de dire que les robots sont en train de nous remplacer ?

L'intelligence artificielle serait en train de remplacer les humains qui n'auraient donc plus qu'à plier bagage. Telle est l'affirmation que l'on rencontre de plus en plus couramment dans les médias.

Et si les choses n'étaient pas si simples ? Si derrière les machines on trouvait finalement des humains dont le travail a été une fois encore et sans doute plus encore que d'habitude invisibilisé. Si c'étaient plutôt les humains qui remplaçaient les robots ? C'est la thèse d'Antonio Cassili dans *En attendant les robots*[1], qui rend visibles la production de données par les humains et le rôle joué par les plateformes numériques.

L'externalisation du travail et sa fragmentation, permises par l'automatisation, n'entraînent pas selon lui le grand remplacement des humains par des machines, mais un déplacement du travail vers ceux qu'ils nomment les « tâcherons du clic » – les travailleurs à la tâche. Pour produire des mégadonnées qui constituent la source de valeur des

1. Antonio A. Casilli, *En attendant les robots. Enquête sur le travail du clic*, Seuil, 2019.

grandes sociétés du numérique, il existe en effet un processus de « tâcheronnisation » du travail et la division en de multiples tâches réalisées par les humains pour entraîner les intelligences artificielles.

Trois types de *digital labor* (travail digital) doivent être selon lui distingués : travail à la demande, micro-travail et travail social en réseaux. Le travail à la demande consiste à organiser la production de données par leurs usagers, contre des rémunérations extrêmement faibles. Le micro-travail est celui des robots humains qui réalisent, entraînent ou accompagnent le travail des intelligences artificielles. Les micro-tâcherons, installés derrière leurs consoles aux États-Unis ou plutôt dans les pays du Sud où le travail est sous-rémunéré, effectuent pour Amazon ou d'autres entreprises des tâches que les intelligences artificielles (IA) ne peuvent pas faire comme taguer des images, rechercher des adresses ou modérer des contenus. Dans cette division internationale du travail, le travail humain n'est pas remplacé par des IA mais par d'autres travailleurs occultés, invisibilisés et sous-payés. Nous est ainsi révélée l'existence d'opérateurs de conduite derrière les véhicules autonomes – les « petites mains » qui assistent les intelligences artificielles – et de travailleurs des « fermes à clic » qui se trouvent souvent dans les pays à très basses rémunérations. Enfin, les utilisateurs des plateformes sociales réalisent un travail social en réseaux, un travail gratuit produisant de la valeur pour les plateformes qui récupèrent, exploitent et vendent ces données.

Un travail à la tâche, non qualifié, effectué chez soi et pour un salaire de misère : on retrouve ici certaines caractéristiques du tâcheronnat ou du *sweating system* du XIXe siècle. À cette époque, une bonne part de la responsabilité de ces mauvaises conditions de travail était imputée à la présence d'un intermédiaire entre le client et le travailleur : un « tâcheron » ou *sweater*. On peut bien parler aujourd'hui d'un retour du tâcheronat, confirment les sociologues Pauline Barraud de Lagerie, Luc Sigalo Santos et Julien Gros dans l'article qu'ils consacrent à cette question dans le livre collectif intitulé *Les Travailleurs des applis*[1] que nous avons co-dirigé avec Sarah Abdelnour. Les chercheurs soulignent qu'un certain nombre de plateformes tentent de brouiller les frontières en faisant croire que la contribution des internautes se fait par plaisir, mais les *crowdworkers* ne sont pas dupes de cette manœuvre. Même si une large majorité

1. *Les Travailleurs des applis*, PUF, 2019.

considère que leur activité sur la plateforme n'est pas un travail, c'est bien moins souvent parce qu'ils adhèrent à la rhétorique du loisir que parce qu'ils en tirent un revenu trop faible.

Tous ces travaux convergent pour montrer que, pour l'instant, les robots ont encore besoin du travail humain, un travail, répétons-le, trop souvent invisibilisé, précarisé et sous rémunéré.

Pourquoi peut-on parler de management par les algorithmes ?

Le travail est de plus en plus prescrit par des logiciels qui imposent des scripts d'activité précis et contribuent à déshumaniser le travail. Mais peut-on aller jusqu'à parler de management par les algorithmes ?

Les chauffeurs VTC, notamment ceux qui travaillent avec certaines applications numériques, doivent respecter les trajets prescrits par celles-ci au risque de se faire sanctionner. Leur conduite est analysée par le logiciel qui édicte des prescriptions auxquelles ils doivent se plier et qui suit leur parcours. Les postiers doivent respecter à la fois une cadence et un trajet bien précis, organisés aussi par le biais d'un logiciel, comme l'a montré le sociologue Nicolas Jounin dans *Le Caché de la Poste*[1]. Cette entreprise déploie selon lui un management scientifique inspiré du taylorisme, qui calcule la longueur des tournées en estimant des durées de parcours de portions de rues, de distances, de niveaux de courriers à distribuer, tous ces éléments qui constituent la tournée. Dans les entrepôts de logistique d'Amazon, l'activité des travailleurs est régie par un logiciel qui enregistre automatiquement leurs performances qualitatives et quantitatives : elles peuvent entraîner le licenciement si elles sont jugées insuffisantes. Dans de nombreux entrepôts, les ouvriers manutentionnaires travaillent avec un casque audio sur les oreilles et un micro devant la bouche. C'est une voix numérique qui leur indique les tâches à effectuer et ils doivent valider chacun des gestes effectués par reconnaissance vocale en prononçant des mots-clés. Il s'agit de ce que l'on appelle le *voice picking*, de plus en plus utilisé pour rationaliser les parcours dans les entrepôts. Lorsque l'on interroge ces ouvriers sur le contenu de leur travail, raconte le sociologue David Gaborieau, ils se comparent à des « robots », dépossédés de leur capacité à agir en dehors du script imposé.

1. Nicolas Jounin, *Le Caché de la Poste. Enquête sur l'organisation du travail des facteurs*, La Découverte, 2021.

Mais la mobilisation des algorithmes ne s'arrête pas là : dans leur note intitulée « Management algorithmique et négociation collective[1] », Valerio De Stefano et Simon Taes montrent que le management algorithmique peut engendrer non seulement un contrôle des travailleurs d'une ampleur qui aurait été impensable il y a quelques années, mais aussi la collecte et le traitement de quantités considérables de données personnelles relatives à la vie et au travail des salariés.

Les outils d'IA peuvent en effet surveiller et analyser les performances physiques au travail. Des employeurs contrôlent les déplacements de leurs travailleurs grâce à des accessoires connectés. Ces dispositifs sont capables d'enregistrer les mouvements des travailleurs, leur rythme de travail et leurs pauses, ils peuvent par exemple servir à enregistrer la frappe au clavier ainsi qu'à surveiller l'utilisation des applications et l'historique de navigation, et ils prennent régulièrement des photos (grâce à la webcam) ou des captures d'écran des ordinateurs des travailleurs. Certaines technologies actuellement mises en place dans le

1. Valerio De Stefano et Simon Taes, « Management algorithmique et négociation collective », *Notes de prospective*, Institut syndical européen, mai 2021.

monde du travail visent à déterminer l'état de santé physique et mentale des travailleurs. Certains dispositifs, tels que les « badges sociométriques », visent même à surveiller l'état mental et émotionnel ainsi que le niveau de stress des travailleurs. Pire, désormais, le management algorithmique et les outils fondés sur l'IA sont de plus en plus utilisés pour gérer véritablement le personnel, de l'embauche au licenciement, en remplaçant ou en « assistant » les superviseurs humains dans leur travail. Ces outils pourraient donc bientôt remplacer les directions des ressources humaines dans l'ensemble de leurs fonctions.

Dans *L'Âge du capitalisme de surveillance*[1], Shoshana Zuboff estime que l'économie numérique rend aujourd'hui possible l'émergence d'un pouvoir d'une ampleur inouïe s'adossant à une surveillance généralisée des vies, dont les grands ordonnateurs et bénéficiaires sont les GAFAM (Google, Facebook, Amazon et Microsoft) qui possèdent les dispositifs de captation, de stockage, d'analyse et de commercialisation des traces numériques laissées en continu par des milliards

1. Shoshana Zuboff, *L'Âge du capitalisme de surveillance. Le combat pour un avenir humain face aux nouvelles frontières du pouvoir*, Zulma essais, 2020.

d'utilisateurs fréquentant une variété toujours plus importante de plateformes. Oui, il est bien légitime de parler de management par les algorithmes et nous allons devoir très vite trouver les moyens de mettre un terme à son expansion.

Pourquoi ChatGPT n'entraînera pas le grand remplacement des humains ?

Le 23 mars 2023, paraissait une nouvelle étude inquiétante annonçant à nouveau le grand remplacement d'une partie des emplois aux États-Unis par le logiciel ChatGPT. Intitulée « GPTs are GPTs : An Early Look at the Labor Market Impact Potential of Large Language Models[1] »), l'étude a été co-écrite par des membres de OpenAI – la société créée par Sam Altman, qui a inventé l'agent conversationnel ChatGPT –, par des membres de la société OpenResearch – dirigée par le même Sam Altman – et par un professeur de l'université de Pennsylvanie. Rappelons que ChatGPT est un prototype d'agent conversationnel à intelligence artificielle ou « chatbot », donc un assistant virtuel utilisant les nouvelles technologies pour dialoguer avec ses utilisateurs,

1. « Les GPTs sont des GPTs : un premier aperçu de l'impact potentiel des grands modèles linguistiques sur le marché du travail » : https://arxiv.org/pdf/2303.10130.pdf

qui a été lancé en novembre 2022 et dont les performances ont été soulignées par les médias du monde entier.

Contrairement à nombre de prédictions lancées tous azimuts dès la diffusion de l'existence de ChatGPT laissant entendre que tous les emplois qualifiés allaient disparaître – par exemple cette affirmation d'un professeur de management soutenant que « la qualité de ce robot conversationnel pourrait rendre inutile le recours à l'humain pour tant de tâches relativement qualifiées » –, l'étude est beaucoup plus modérée et précise qu'environ 80 % de la main-d'œuvre américaine pourrait voir au moins 10 % de leurs tâches affectées par l'introduction des technologies génériques tandis qu'environ 19 % des travailleurs pourraient voir au moins 50 % de leurs tâches affectées.

Suit alors une liste des métiers les plus affectés et les plus protégés qu'il vaut la peine de citer en entier à la fois pour son caractère presque poétique – on dirait une liste à la Prévert –, mais aussi bien sûr pour l'intérêt de son contenu.

Selon l'étude, les métiers les plus affectés seraient ceux qui impliquent de la programmation ou de la rédaction : mathématicien, spécialiste en déclaration d'impôts, analyste financier quantitatif, rédacteur et écrivain, designer d'interface numérique ou web, sténotypiste judiciaire, sous-titreur, relecteur, comptable, journaliste, assistant administratif, etc. Je me permets d'ajouter à cette liste les professeurs qui craignent non seulement de voir leurs élèves et étudiants réaliser tous leurs devoirs à la maison par ce moyen mais peut-être aussi de se voir remplacer. Pour la plupart de ces métiers pourtant, il me semble que ChatGPT devrait plutôt être un assistant qu'un remplaçant. Ce sont en effet les humains qui produisent les contenus qu'utilise ChatGPT et par ailleurs des humains seront toujours nécessaires pour mobiliser et utiliser les synthèses produites par le logiciel. Quant aux professeurs, il importe de rappeler que le cœur de leur métier, comme celui des journalistes d'ailleurs, ne consiste pas à gaver leurs auditeurs de connaissances mais au contraire à leur apprendre à construire, vérifier, mobiliser et utiliser celles-ci, ainsi qu'à bâtir un raisonnement.

L'étude annonce une autre nouvelle : les métiers ne nécessitant pas de diplôme seront, selon elle, davantage à l'abri. Et de citer pêle-mêle : les opérateurs d'équipement agricole, les athlètes et sportifs professionnels, les mécaniciens automobiles, les maçons, les cuisiniers, les employés de cafétéria, les barmen, les plongeurs en restauration, les installateurs et réparateurs de câble électrique, les charpentiers, les peintres, les plombiers, les bouchers et poissonniers, etc. Mais on pourrait ajouter tous les métiers qui mobilisent les plus gros effectifs de travailleuses et travailleurs, qui mettent au cœur de leur action le lien avec les autres et/ou avec la matière et qui ne sont pas près de disparaître : les agents d'entretien, les éboueurs, les aides à domicile, les aides-soignants, les infirmiers, les médecins, et plus généralement l'ensemble des métiers du *care*, mais aussi les actrices et acteurs de la construction, de la rénovation, de l'énergie, de l'agriculture, de l'alimentation, du transport, du recyclage… auxquels la nécessaire reconversion écologique de nos sociétés devrait donner un nouveau souffle, nous y reviendrons au chapitre 4.

3

Faire l'Europe sociale, garantir l'égalité femmes-hommes, reconstruire l'État-providence

L'Europe sociale est-elle un mythe ?

Pourquoi l'année 1948 marque-t-elle le premier échec de l'Europe sociale ?

L'économiste Robert Salais a raconté dans son ouvrage *Le Viol d'Europe*[1] la très grande importance du congrès de La Haye. Il avait pour but d'attirer l'attention de l'opinion publique internationale sur la nécessité de construire une Europe forte et autonome et de promouvoir la formation des États-Unis d'Europe comme objectif commun de travail de toutes les forces démocratiques européennes. L'initiative était portée par de nombreux courants de pensée qui considéraient essentiel de construire une Europe politique.

1. Robert Salais, *Le Viol d'Europe. Enquête sur la disparition d'une idée*, PUF, 2013.

Selon Salais, ce projet a échoué par la faute des Anglais. La résolution finale débattue durant le congrès provenait de trois avant-projets, un rapport français, un rapport fédéraliste, un rapport anglais correspondant à trois approches différentes : l'approche « constituante » (portée par les Français), militant pour l'élection au suffrage universel d'une assemblée européenne délibérative ; l'approche « fédéraliste » défendant un processus de bas en haut, partant des corps intermédiaires pour aller vers des institutions européennes, portée par les pays fédéralistes mais sans l'Allemagne ; l'approche « souverainiste » mettant en avant la création d'un gouvernement européen sur la base d'abandons nationaux de souveraineté, portée par les Anglais.

L'approche souverainiste fut mise en avant par les représentants anglais, stratégiquement, pour faire peur aux congressistes hésitants quant aux abandons de souveraineté nationale, soutient Salais. « Dans leur grande majorité, ligués contre ce qui leur apparaissait une menace envers les intérêts stratégiques mondiaux de la Grande-Bretagne, ces représentants déployèrent une stratégie faite d'entrisme, de prise de direction du mouvement européen, d'orientation et de manipulation des débats. Les Anglais l'emportèrent. La conception anglo-saxonne de perte de souveraineté par les gouvernements nationaux s'imposa dès lors dans le processus européen. »

Robert Salais soutient que la question de la place du travail et des travailleurs n'est quasiment pas évoquée dans ce projet européen. Il rappelle que durant les discussions, le syndicaliste Jean Mathé avait demandé que le préambule de la résolution du congrès mentionne « la participation nécessaire des travailleurs à la gestion de l'entreprise et de tous les organismes de coordination ». La version finale sera de bien moindre portée : elle indique simplement qu'il est nécessaire que « les travailleurs et leurs institutions représentatives soient étroitement associés à la création et au développement de l'économie de l'Europe unie ». Salais y voit le signe précurseur de l'incapacité des Européens à construire une Europe fondée sur une véritable subsidiarité. La résolution finale renvoie l'harmonisation des législations sociales dans un paragraphe intitulé « Objectifs ultérieurs ».

C'est pourtant un point clé : si l'Europe n'est pas d'abord politique mais économique et que la libre circulation des capitaux et des marchandises est prioritaire, la diversité des droits sociaux risque d'être fatale aux pays qui possèdent les législations les plus développées. La haute administration française en était convaincue. Durant les négociations qui aboutirent au traité de Rome, autour du rapport Spaak, l'harmonisation des conditions de production, en particulier des législations sociales et fiscales, ainsi que l'avancement d'une politique économique commune furent présentés par le gouvernement français comme le préalable à l'ouverture du Marché commun. Dans le domaine social, il fallait égaliser les salaires masculins et féminins, unifier les conditions de durée et de paiement des heures supplémentaires, uniformiser la durée des congés payés, fixer la norme européenne de sécurité sociale au niveau le plus élevé.

Mais en l'absence de consensus entre les pays fondateurs, seul le principe de l'égalité des salaires entre hommes et femmes fut posé à l'article 119 du traité de Rome. Le rapport Ohlin avait estimé que seules des différences de salaires entre hommes et femmes étaient susceptibles de fausser la concurrence entre États. Les conditions d'un risque de dumping social à l'intérieur de l'Europe étaient réunies.

Pourquoi l'Europe sociale a-t-elle réapparu dans les années 1970-1980 ?

En 1974, une résolution du Conseil invite la Commission européenne à faire des propositions pour atteindre les trois objectifs suivants : réalisation du plein et du meilleur emploi au niveau communautaire, national et régional ; amélioration des conditions de vie et de travail permettant leur égalisation dans le progrès ; participation croissante des partenaires sociaux aux décisions économiques et sociales de la Communauté et des travailleurs à la vie des entreprises. La législation sociale européenne n'a donc plus seulement une visée économique, mais est désormais également censée conduire à une meilleure protection des travailleurs. Notons cependant que les textes communautaires en matière de droit du travail sont surtout adoptés en réaction aux conséquences des évolutions économiques de la seconde partie des années 1970, pour en atténuer les effets. Les directives concernent en effet les licenciements économiques, les transferts d'entreprises et la protection des travailleurs salariés en cas d'insolvabilité de l'entreprise alors que les restructurations se multiplient.

En janvier 1985, avec la nouvelle Commission – et son président Jacques Delors, récemment disparu –, une étape est franchie. Certes, il s'agit toujours d'accompagner la mise en œuvre du marché et en particulier de prévenir les risques de dumping social afférents à l'expansion du marché intérieur. Il faut en effet saisir la double face de l'Acte unique européen de 1986 : d'une part, il accélère la mise en œuvre du marché unique (il s'agit de supprimer les obstacles aux « quatre libertés » : libre circulation des biens, des capitaux, des services et des personnes) mais, d'autre part, il accompagne celle-ci de mesures censées adoucir ses effets. La compétence communautaire introduite dans le champ social permet en effet d'adopter des mesures dans le champ social sans requérir l'unanimité des États membres. L'objectif est de rapprocher les législations, par le biais de textes fixant des prescriptions minimales, applicables progressivement, rien n'empêchant les États membres de prévoir des dispositions plus favorables. C'est ainsi que plus d'une trentaine de textes à contenu social vont être adoptés entre 1985 et 1995, notamment la très importante directive de 1989 sur la santé et la sécurité des travailleurs.

Par ailleurs, dès juin 1984, les services de la Commission avaient pris les contacts nécessaires pour organiser dans la banlieue de Bruxelles une série de rencontres avec les partenaires sociaux européens. Dans le premier mois du mandat de Jacques Delors, ces réunions permettent d'associer ceux-ci à la politique qu'entend mettre en œuvre le nouveau président de la Commission.

Les chercheurs présentent des interprétations contrastées de cette décennie. Selon certains, il s'est agi d'une sorte d'âge d'or de l'Europe sociale ouvrant la voie à de nouvelles avancées de l'UE tant sur le fond que sur la forme, parmi lesquelles on peut noter : la Charte communautaire des droits sociaux fondamentaux des travailleurs, adoptée en 1989, la Charte des droits fondamentaux de l'Union européenne, adoptée en 2000, ou encore la priorité donnée aux partenaires sociaux dans l'élaboration de la législation sociale communautaire et la nécessité de réunir un sommet social européen avant chaque Conseil européen de printemps.

D'autres spécialistes notent en revanche que l'Europe sociale n'a fait l'objet ni d'un engouement populaire ni de manifestations syndicales puissantes. Ils notent que l'on peut plutôt parler d'une institutionnalisation du syndicalisme au niveau européen. Comme l'indique le sociologue Claude Didry, la méthode du dialogue social européen a finalement permis d'associer les « partenaires sociaux à la production de normes européennes et aux projets de la Commission[1] » et d'obtenir ainsi grâce à l'association de ces partenaires la légitimité qui faisait défaut à la Commission.

Pourquoi la Cour de justice de l'Union européenne apparaît-elle à certains comme anti-sociale ?

La Cour de justice de l'Union européenne (CJUE) a été créée en 1952 et est l'une des sept institutions de l'UE. Elle veille au respect du droit dans l'interprétation et l'application des traités, c'est-à-dire qu'elle s'assure que le droit de l'Union européenne est bien appliqué et de manière uniforme dans les États membres. Elle a été très fortement critiquée en France au début des années 2000. Quelles en sont les raisons ?

Le juriste Alain Supiot résume parfaitement les reproches faits à la CJUE dans son article intitulé « Qui garde les gardiens ? La guerre du dernier mot en droit social européen[2] ». Il écrit en effet

1. Claude Didry, « L'émergence du dialogue social en Europe : retour sur une innovation institutionnelle méconnue », *L'Année sociologique*, 2009/2, vol. 59, PUF, 2009.

2. Alain Supiot, « Qui garde les gardiens ? La guerre du dernier mot en droit social européen », Actes du séminaire du 6 février 2015, *Semaine sociale Lamy*, n° 1746, supplément du 28 novembre 2016.

ceci : « Cumulant des pouvoirs législatifs et judiciaires dont l'exercice n'est contrôlé par personne, elle [la CJUE] en a pendant longtemps usé avec grande prudence, ce qui lui avait permis d'asseoir progressivement sa légitimité en dépit du caractère non démocratique de sa composition. Mais depuis une quinzaine d'années, et plus encore depuis ses arrêts Laval et Viking, elle s'est départie de cette prudence pour imposer la primauté des libertés économiques sur les droits sociaux et les libertés collectives. »

Supiot voit les racines de la crise de l'UE dans l'affirmation de la CJUE selon laquelle le traité de Rome aurait institué un ordre juridique propre, intégré au système juridique des États membres lors de l'entrée en vigueur du traité et qui s'impose à leurs juridictions. Selon la Cour européenne, la primauté de cet ordre juridique européen sur les ordres internes aurait une portée absolue. Mais plusieurs cours constitutionnelles nationales ont rappelé la supériorité des constitutions nationales – au sommet de l'ordre juridique interne de chaque pays – sur les traités européens.

L'évolution de la jurisprudence de la CJUE est intéressante. Dans un premier moment, elle a œuvré dans un sens particulièrement favorable aux droits sociaux. Dès 1969, la Cour avait ainsi indiqué que les droits sociaux devaient figurer au nombre des « droits fondamentaux de la personne compris dans les principes généraux du droit communautaire, dont la Cour assure le respect ». En 1976, elle indiquait que « la prohibition de discriminations entre travailleurs masculins et travailleurs féminins s'impose non seulement à l'action des autorités publiques, mais s'étend également à toutes conventions visant à régler de façon collective le travail salarié, ainsi qu'aux contrats entre particuliers ». Le juriste Morgan Sweeney a rappelé qu'en l'absence de compétence sociale attribuée à l'UE, la Cour de justice avait notamment réussi, en mobilisant le principe d'égalité de traitement, à promouvoir l'accès des travailleurs migrants aux droits sociaux ouverts dans l'État d'accueil et à élaborer une jurisprudence très constructive en matière d'égalité femmes-hommes.

Mais au cours de la première décennie des années 2000, de fortes tensions entre droits économiques et droits sociaux sont apparues. Dans ses célèbres arrêts Viking et Laval de 2007, la jurisprudence de la CJUE a clairement affirmé la prééminence des droits économiques sur les droits sociaux. Bien qu'elle ait reconnu pour la première fois que le droit de mener une action collective, y compris le droit de grève, faisait partie des principes généraux du droit de l'Union dont elle assure le respect, elle a en effet conclu que l'exercice du droit de grève représentait une entrave à la libre prestation de services, « certes justifiable par la raison impérieuse d'intérêt général que constitue la protection des travailleurs, mais jugée disproportionnée dans les deux espèces ». Ces arrêts ont été suivis de nombreux autres allant dans la même direction.

Une manière de résoudre ces tensions serait que l'Union européenne adhère à la Convention européenne des droits de l'homme, ce qui n'a pas été possible jusqu'à aujourd'hui mais qui paraît en bonne voie.

Comment l'Europe tente-t-elle d'amorcer un tournant social ?

Depuis quelques années, l'Europe semble amorcer un tournant social, sous la double influence du commissaire européen à l'Emploi et aux Droits sociaux, Nicolas Schmit, et du Parlement européen. Malheureusement, un certain nombre de gouvernements des États membres, dont la France, y font obstacle.

Le site officiel de Nicolas Schmit en témoignait : sa mission était bien de promouvoir l'Europe sociale. Le premier item de la longue liste de responsabilités qui lui incombaient était celui-ci : « Renforcer la dimension sociale de l'UE et assurer un soutien aux travailleurs et aux demandeurs d'emploi[1]. » Et le moins que l'on puisse dire est que Nicolas Schmit n'a pas chômé et a de belles réussites à son actif.

Dans les derniers mois de l'année 2023, plusieurs textes porteurs d'un réel progrès pour les travailleurs ont en effet été publiés. Le commissaire et le Parlement européen (en particulier la députée européenne Leïla Chaibi) n'ont pas ménagé leurs efforts pour finaliser la directive relative à l'amélioration des conditions de travail des personnes travaillant via une plateforme numérique. Celle-ci énumère les critères permettant d'opérer une distinction, au sein des travailleurs de plateforme, entre les vrais indépendants et ceux qui devraient être reconnus comme des salariés (environ 5,5 millions de personnes selon la Commission européenne). La directive devrait permettre de mettre enfin un terme au véritable dumping social auquel se livrent les nombreuses plateformes numériques qui non seulement échappent aux obligations du droit du travail mais font

1. https://commissioners.ec.europa.eu/nicolas-schmit_fr

aussi perdre à la Sécurité sociale des centaines de millions d'euros de cotisations sociales. Malheureusement, alors que le 13 décembre 2023 un accord politique avait été conclu entre le Parlement européen et les États membres de l'UE, neuf jours plus tard, plusieurs États dont la France – qui y était très opposée – votaient contre cet accord[1].

Le 14 décembre de la même année, c'est la directive sur le devoir de vigilance des entreprises en matière de durabilité qui avait fait l'objet d'un accord entre le Parlement européen et le Conseil. Ces nouvelles règles obligent les entreprises à respecter les droits humains et l'impact environnemental sur l'ensemble de leur chaîne d'approvisionnement. Malheureusement, la directive exclut de son champ d'application le secteur financier, là encore avec le soutien de la France.

Le 16 décembre, le texte final de la CSRD a été publié au *Journal officiel de l'Union européenne*. À l'instar du règlement sur l'intelligence artificielle adopté par le Parlement et le Conseil le 8 décembre, il ne vise pas directement à améliorer les conditions

1. Depuis, la directive a été adoptée malgré la position de la France.

de travail, mais les deux textes comportent plusieurs dispositions qui y contribuent.

Le 23 novembre 2023, le Parlement européen a adopté une résolution sur la création d'emplois, la transition juste et les investissements d'impact. Le texte appelle l'Union européenne à déployer une politique industrielle ambitieuse, à soutenir la réindustrialisation des régions européennes et à investir dans une transition écologique qui sera créatrice d'emplois de qualité : « un million 400 000 emplois supplémentaires peu ou moyennement qualifiés, ainsi que 450 000 emplois hautement qualifiés seront créés grâce à l'augmentation des investissements dans la rénovation des bâtiments et à la réduction de la consommation d'énergie des combustibles fossiles pour le chauffage. » La résolution invite la Commission à proposer un cadre européen sur les températures maximales de travail, appelle à l'adoption de plans de transition justes à négocier par les partenaires sociaux au niveau des secteurs et des entreprises et souhaite un cadre clair et harmonisé sur l'investissement d'impact permettant d'évaluer la manière dont les entreprises gèrent leurs responsabilités sociales. Le commissaire européen n'a jamais caché son soutien à un approfondissement de la co-détermination dans l'Union et à une amélioration des droits des travailleurs. Espérons que ce tournant social ne sera pas brutalement interrompu par le renouvellement du Parlement et de la Commission.

Comment l'Union européenne pourrait-elle devenir plus sociale ?

Durant la première décennie des années 2000, plusieurs ouvrages très pessimistes ont été consacrés à l'Europe sociale : *L'Europe sociale n'aura pas lieu*[1], *The European Social Model in Crisis*[2] et *Social Europe : a Dead End*[3]. Autant de titres qui laissaient penser que l'Europe sociale était devenue un mythe. Est-ce le cas ?

Parmi ces ouvrages, certains considèrent que le ver était dans le fruit dès l'origine et que les conditions de création de l'Union européenne, considérant celle-ci avant tout comme un marché

1. François Denord et Antoine Schwartz, *L'Europe sociale n'aura pas lieu*, Liber/Raisons d'agir, 2009.
2. Daniel Vaughan-Whitehead, *The European Social Model in Crisis : Is Europe Losing its Soul ?*, International Labor Office, 2015.
3. Arnaud Lechevalier et Jan Wielgohs (dir.), *Social Europe : a Dead End, What the Eurozone Crisis is Doing to Europe's Social Dimension*, Djøf Publishing, 2015.

fondé sur la concurrence et non comme un espace politique, rendent toute amélioration impossible. C'était la thèse de l'ouvrage de Robert Salais *Le Viol d'Europe*, dont il a été question plus tôt. D'autres voient plutôt dans l'élargissement de 2004 la cause de l'aggravation de la situation, dans la mesure où les disparités déjà en œuvre au sein de l'UE ont été considérablement renforcées, alimentant un processus interne de compétition et de dumping social. À cela s'ajoute l'inflexibilité de certains États membres de l'UE, qui se refusent à revoir en profondeur les règles du Pacte de stabilité et de croissance, considèrent les règles budgétaires plus sacrées que tout le reste et font ainsi obstacle à l'investissement massif dans la transition écologique et sociale dont l'Union a besoin.

Et pourtant rien n'est perdu. Comme on l'a vu précédemment, l'Union européenne a engagé, à partir de 2015, un véritable tournant social grâce au Parlement européen, à la Commission Juncker et au commissaire Nicolas Schmit. La crise sanitaire a également permis à l'UE de franchir une étape essentielle : avec le programme « Facilité pour la reprise et la résilience », entré en vigueur en février 2021, la Commission européenne s'est en effet autorisée pour la première fois à emprunter au nom de l'UE des fonds sur les marchés des capitaux pour les mettre à la disposition de ses États membres. Ainsi, 723 milliards d'euros ont été fléchés et destinés à des investissements dans des projets dont une large partie doit concerner la transition écologique ou numérique.

Plusieurs obstacles, de taille, restent néanmoins à franchir. D'abord, les règles du Pacte de stabilité et de croissance, qui avaient été suspendues pendant la crise sanitaire et qui brident l'investissement des États membres de l'Union – pourtant tellement nécessaire –, ont été actualisées sans produire la rupture attendue. Même si une certaine souplesse a été accordée aux États membres, les fameux chiffres magiques (dette inférieure à 60 % du produit intérieur brut (PIB) et déficit public inférieur à 3 % du PIB) n'ont pas été revus ou écartés. Ensuite, la plus grande partie des actions qui permettraient d'organiser une véritable protection sociale à l'échelle de l'Union européenne relève du vote à l'unanimité des États membres. Faut-il, comme le propose la présidente de la Fondation européenne des études progressistes, Maria João Rodrigues, permettre que les décisions concernant les politiques sociales puissent être désormais prises à la majorité qualifiée pour mieux les européaniser ? Une possibilité serait de commencer par montrer tout ce que peut apporter l'Europe sociale aux ressortissants des États membres pour améliorer leur vie quotidienne : assurance chômage européenne, accès garanti à la sécurité sociale, investissements écologiques, mobilité des jeunes, équivalences des diplômes... Ces avancées pourraient être financées grâce à des prélèvements sur toutes les entreprises – notamment les plateformes et les multinationales – qui profitent des infrastructures et des compétences de l'UE avant d'organiser cette nouvelle articulation des compétences.

Contrairement à ce que l'on entend parfois, il existe bien un modèle social européen, parfaitement visible dès que l'on compare l'UE à d'autres continents. Il est le reflet des valeurs communes de l'UE qui figurent dans la Charte des droits fondamentaux : « L'Union se fonde sur les valeurs indivisibles et universelles de dignité humaine, de liberté, d'égalité et de solidarité ; elle repose sur le principe de la démocratie et le principe de l'État de droit. Elle place la personne au cœur de son action en instituant la citoyenneté de l'Union et en créant un espace de liberté, de sécurité et de justice. »

L'égalité femmes-hommes aura-t-elle lieu ?

Pourquoi Olympe de Gouges a-t-elle écrit la Déclaration des droits de la femme et de la citoyenne *?*

En septembre 1791, au moment où la Constitution qui instaure une monarchie constitutionnelle en France est présentée à Louis XVI, Olympe de Gouges adresse à la reine Marie-Antoinette un texte d'une vingtaine de pages intitulé *Déclaration des droits de la femme et de la citoyenne*.

Olympe de Gouges, de son vrai nom Marie Gouze, née en 1748 à Montauban, est une écrivaine et une metteuse en scène de pièces de théâtre engagées. Les premières pièces qu'elle écrit critiquent vivement l'esclavage et réclament son abolition. Plus tard, elle publie des textes politiques et multiplie les critiques à l'égard de la Constitution de 1791 : en effet, celle-ci ne reconnaît aucun droit aux femmes. Elle ne leur accorde pas le droit de vote et ne reconnaît pas le divorce.

La déclaration, qui est, écrit Olympe de Gouges, « à décréter par l'Assemblée nationale dans ses dernières séances ou dans celle de la prochaine législature » –, commence par rappeler que nulle part ailleurs que chez les humains un sexe n'est aussi affaibli et dominé par l'autre dans la nature. « L'homme seul s'est fagoté un pouvoir de cette exception », écrit-elle. Le préambule indique que « les mères, les filles, les sœurs, représentantes de la Nation, demandent d'être constituées en assemblée nationale. Considérant que l'ignorance, l'oubli ou le mépris des droits de la femme sont les seules causes des malheurs publics et de la corruption des gouvernements, ont résolu d'exposer dans une déclaration solennelle, les droits naturels, inaliénables et sacrés de la femme ». Plus loin, elle affirme : « Le sexe supérieur en beauté comme en courage, dans les souffrances maternelles, reconnaît et déclare en présence et sous les auspices de l'Être suprême, les droits suivants de la femme et de la citoyenne. »

Suivent dix-sept articles qui réécrivent la Déclaration universelle des droits de l'homme et du citoyen en y intégrant systématiquement les femmes. Qu'on en juge. L'article premier est ainsi libellé : « La femme naît libre et demeure égale à l'homme en droits. Les distinctions sociales ne peuvent être fondées que sur l'utilité commune. » L'article 2 soutient que « le but de toute association politique est la conservation des droits naturels et imprescriptibles de la Femme et de l'Homme ». L'article 3 que « le principe de toute souveraineté réside essentiellement dans la Nation qui n'est que la réunion de la Femme et de l'Homme ». L'article 6 rappelle que « la loi doit être l'expression de la volonté générale ; toutes les citoyennes et tous les citoyens doivent concourir personnellement ou par leurs représentants, à sa formation ; elle doit être la même pour tous : toutes les citoyennes et tous les citoyens, étant égaux à ses yeux, doivent être également admissibles à toutes dignités, places et emplois publics selon leurs capacités ». L'article 10 est le plus connu : « Nul ne doit être inquiété pour ses opinions, même fondamentales, la femme a le droit de monter sur l'échafaud ; elle doit également avoir celui de monter à la tribune. »

L'article 13 rappelle que « pour l'entretien de la force publique et les dépenses de l'administration les contributions de la Femme et de l'Homme sont égales. Elle prend part à toutes les corvées, à toutes les tâches pénibles. Elle doit donc avoir de même part à la distribution des places, des charges, des emplois, des dignités et de l'industrie ».

Le texte propose la suppression de l'oppression et du mariage religieux. Il se termine par un vibrant appel : « Femme, réveille-toi. » En 1792, l'Assemblée reconnaîtra le droit au divorce. En juillet 1793, Olympe de Gouges est arrêtée pour avoir pris fait et cause en faveur de la monarchie constitutionnelle. Elle est condamnée à mort et guillotinée. Considérée comme une des premières féministes, sa panthéonisation est réclamée par plusieurs pétitions.

Pourquoi peut-on affirmer que les femmes ont toujours travaillé ?

Les femmes ont toujours travaillé, bien sûr au sein du foyer, mais aussi sur l'exploitation agricole ou au domicile des autres. Jusqu'à la fin du XIXe siècle, rappelle l'historienne Sylvie Schweitzer, la France reste un pays où prédomine l'agriculture. Les propriétaires, salariés et domestiques qui y travaillent représentent la majeure partie de la population. Ils ne sont pas qu'attachés à la terre : le travail à domicile y tient une large place comme source complémentaire de revenus, mobilisant femmes et hommes, enfants et adultes. Diffus, omniprésent, sous-déclaré, il peine d'ailleurs à être mesuré par des recensements qui ont longtemps contribué à sous-estimer gravement le nombre de femmes qui travaillent.

Malgré cette sous-estimation et malgré tous les efforts du Code civil pour faire obstacle au travail et à l'indépendance des femmes, celles-ci travaillent, y compris dans l'industrie : en 1836, un million de femmes y sont employées, 1,6 million en 1861. Pour le secteur tertiaire, alors même que les recensements les sous-estiment quand elles travaillent à la boutique avec leur conjoint, elles sont un peu moins présentes : 0,7 million en 1836, 1,1 million en 1861. Mais elles sont aussi nombreuses, 600 000 au milieu du siècle, employées comme domestiques et de plus en plus présentes dans le grand commerce, avec l'ouverture des premiers grands magasins comme le Bon Marché en 1852. C'est au recensement de 1906 que basculent les proportions de femmes actives, désormais quasiment réparties en trois grands tiers entre l'agriculture, l'industrie et le secteur tertiaire. Avec l'installation des machines et son corollaire, la rationalisation du travail, les femmes ne sont plus simplement ouvrières dans le textile, féminin à 90 %, mais encore dans les industries mécaniques, alimentaires et chimiques.

Bien que l'historiographie classique considère que les femmes ne vont réellement accéder à l'emploi qu'avec la Première Guerre mondiale, Sylvie Schweitzer rappelle qu'en 1911, on dénombre déjà 2 063 000 ouvrières et 880 000 patronnes de l'industrie et du commerce, 715 000 employées et 789 000 domestiques. Certes, la Première Guerre mondiale entraîne des bouleversements majeurs : dans les campagnes comme dans les villes, des métiers exclusivement masculins en temps de paix basculent sous la responsabilité des femmes, mais entre le recensement de 1911 et celui de 1921, le nombre de femmes recensées sur le marché du travail ne bouge pourtant pas : 7 217 000 en 1911, 7 213 000 en 1921.

Après la parenthèse des années 1930, marquée par la crise économique et la remise en cause du travail féminin, et celle des années 1950 qui marque un retour de l'idéal de la femme au foyer (officiellement, et jusqu'aux années 1970, les catholiques sont en première ligne d'un combat qui réclame des femmes – mères et au foyer), il faut attendre les années 1960-1970 pour que s'engage un changement massif. 7 213 000 femmes au travail en 1921, 7,1 millions en 1968. C'est à partir de ce moment, en ces années de changements sociaux, que les femmes actives entament une décisive montée quantitative, écrit l'historienne : elles sont 8,1 millions en 1975, 9,6 en 1982, 12,2 en 1999. L'accroissement du nombre de femmes sur le marché du travail s'est fait en faveur d'un secteur tertiaire en pleine rénovation : elles sont désormais fortement présentes dans la fonction publique d'État et à l'hôpital.

Pourquoi l'égalité femmes-hommes patine-t-elle ?

Le rapport du Haut Conseil à l'égalité entre les femmes et les hommes publié en 2023 a tiré la sonnette d'alarme : loin d'être en voie de disparition, le sexisme progresse, particulièrement au sein des jeunes générations. Et pendant ce temps, les avancées sur le front de l'emploi sont d'une lenteur parfois désespérante.

Certes, le niveau d'éducation des filles et des femmes a fortement progressé ce dernier demi-siècle. On sait que les Françaises sont depuis une vingtaine d'années plus diplômées que les hommes. Mais elles continuent malgré tout à occuper des emplois dans un nombre de secteurs et de métiers moins étendus que les hommes et moins bien rémunérés, ce qui constitue une forme de scandale et de désincitation à faire des études. Pendant que les emplois les moins bien payés sont majoritairement occupés par des femmes, comme l'ont mis en évidence les travaux consacrés aux travailleuses et travailleurs de la deuxième ligne, les femmes qui accèdent à la catégorie cadre présentent des écarts de salaire avec les hommes parmi les plus importants. Nicole et Jean Gadrey ont mis en évidence dans leurs travaux[1] que si plus de 62 % des hommes ayant un niveau égal ou supérieur à bac +3 occupaient un poste de cadre, ce n'était le cas que de 36 % des femmes…

En 2001, dans l'ouvrage que j'avais consacré à cette question, intitulé *Le Temps des femmes. Pour un nouveau partage des rôles*, je défendais la thèse que la société française ne s'était pas radicalement adaptée à la montée de l'activité féminine, pourtant condition indispensable et sine qua non à l'indépendance des femmes.

Toutes les études dont on dispose montrent que l'arrivée d'un enfant constitue un choc très fort sur l'activité féminine : avoir plusieurs jeunes enfants s'accompagne d'une diminution du taux d'activité des mères… et d'une augmentation du taux d'activité des pères. Mais les modes d'accueil des jeunes enfants continuent d'être insuffisants : le service public de la petite enfance dont il est

1. Jean Gadrey et Nicole Gadrey, « Les inégalités professionnelles entre les femmes et les hommes selon leur niveau de diplôme », *La Revue de l'Ires*, n° 93, 2017, p. 3-24. En ligne : https://www.cairn.info/revue-de-l-ires-2017-3-page-3.htm

question depuis plus de vingt ans n'a toujours pas été mis en place. Les entreprises continuent à discriminer les femmes en les considérant comme des mères en puissance soupçonnées de risquer de limiter leur investissement professionnel pour s'occuper de leurs enfants. Les hommes, en tant que partenaires et pères, continuent à ne pas prendre en charge la part des tâches domestiques et familiales qui leur incombe. Et en tant que professionnels, ils continuent de recruter ou coopter des collègues qui leur ressemblent. La parité est loin d'être la règle dans un très grand nombre d'organisations et d'institutions, même si des progrès sont visibles. À diplôme égal et même supérieur, les femmes continuent d'être moins visibles, moins reconnues, moins payées, selon le principe mis en évidence par Françoise Héritier et toujours en vigueur de « valence différentielle des sexes [1] ».

Le rapport 2023 du Haut Conseil à l'égalité des hommes et des femmes livre de ce point de vue des résultats inquiétants : l'idée qu'il « est normal que les femmes s'arrêtent de travailler pour s'occuper de leurs enfants », approuvée par 34 % des femmes interrogées, progresse de 7 points. Pourtant,

1. Françoise Héritier, *Masculin/Féminin. La pensée de la différence*, Odile Jacob, 1996.

nous savons aujourd'hui que la meilleure manière de soutenir la venue d'enfants est de faciliter la conciliation entre travail et famille pour les hommes et les femmes – qui se plaignent, à 59 % pour les premiers et à 63 % pour les secondes – de difficultés en la matière.

Les propositions que je faisais en 2001 sont donc plus que jamais d'actualité : déployer un service public de la petite enfance, repenser les organisations de travail pour les rendre compatibles avec l'exercice de la parentalité pour les hommes et les femmes, améliorer les conditions de travail et les salaires, inciter les hommes à prendre en charge ce que les économistes suédois Alva et Gunnar Myrdal appelaient le « double rôle » (de travailleur et de parent) et continuer à soutenir la dynamique engagée comme le proposaient déjà Christian Baudelot et Roger Establet en 1992 : allez les filles !

Pourquoi certains pays européens parviennent-ils mieux que d'autres à assurer l'égalité entre femmes et hommes ?

De très fortes différences persistent dans la manière dont hommes et femmes accèdent à l'emploi et prennent en charge les activités domestiques et familiales. Comment l'expliquer ?

La sociologue Anne-Marie Daune-Richard a consacré un article passionnant[1] à cette question. Elle compare de façon très approfondie trois pays, le Royaume-Uni, la France et la Suède, pour montrer comment et pourquoi, soumis au même modèle de la mère-épouse dans les années 1950, ils ont déployé dans les années 1970 des politiques radicalement différentes dont l'empreinte est encore visible.

Dans les années 1950, deux théories encadrent le possible exercice par les femmes d'un travail : la théorie des deux sphères et celle du salaire familial. Hommes et femmes sont appelés chacun à exercer leurs compétences dans deux sphères différentes, d'égale dignité, le foyer pour les femmes, le travail pour les hommes. Le salaire de ces derniers doit leur permettre de nourrir leurs femmes et leurs enfants. Dans les trois pays, les femmes ont tendance à se retirer du marché du travail lorsqu'elles se marient et deviennent mères. Des mesures publiques encouragent l'inactivité des mères.

1. https://shs.hal.science/halshs-00010257, repris partiellement dans « Activité et emploi des femmes : des constructions sociétales différentes en France, au Royaume-Uni et en Suède », *Sociétés contemporaines*, 1993, p. 125-143.

Au Royaume-Uni, l'interdiction du travail des femmes mariées et le refus de toute intervention de l'État dans la sphère privée (la famille doit échapper à toute emprise de l'État) vont rendre l'accès des femmes à l'emploi difficile, ce dont les années 1970 porteront encore la trace. Alors que le congé maternité restera longtemps non rémunéré, les femmes accéderont tardivement à l'emploi et largement à temps partiel. Longtemps, les féministes britanniques, loin de réclamer une insertion plus solide des femmes sur le marché du travail, demanderont des allocations pour les mères permettant à celles-ci d'amoindrir la dépendance à leurs maris.

En France, l'héritage du Code civil, qui a organisé l'incapacité civile des femmes, est lourd : la notion de chef de famille ne disparaîtra que dans les années 1970. Les femmes ont certes le « libre choix » de travailler uniquement si elles se révèlent capables d'assurer en même temps leur rôle principal : s'occuper du foyer et des enfants. L'imposition conjointe est désincitative, des allocations soutiennent les familles où les mères sont inactives. L'État français, profondément nataliste et familialiste, protège les mères travailleuses. Ce familialisme restera longtemps prégnant, l'allocation de salaire unique n'étant par exemple supprimée qu'en 1978.

En Suède, le couple d'économistes Alva et Gunnar Myrdal va contribuer à organiser un basculement fondamental. Les deux économistes soutiennent que si la Suède veut continuer à avoir des enfants, l'État doit aider les Suédois en assurant une part de la charge financière, grâce à des allocations. Par ailleurs, ils soutiennent que les femmes ont deux rôles, un rôle de parents mais aussi un rôle de travailleuses, comme les hommes. Les femmes ont accédé au droit de vote dès les années 1920, et vont bénéficier d'allocations maternité et de droits propres. Dès lors, dans les années 1970, l'émancipation des femmes s'organise très rapidement. Une délégation à l'égalité des droits entre hommes et femmes est mise en place dès 1972, les grilles de salaires différentes sont supprimées, de même que l'imposition séparée, ce qui est vu comme un signal essentiel étant donné la forte progressivité de l'impôt sur le revenu suédois. Des congés parentaux ainsi qu'un vaste plan de développement de l'offre de modes de garde sont mis en place.

Un ensemble de politiques sociales et de conceptions différentes du rôle de l'État ont donc encadré l'intégration des femmes dans le salariat dans ces trois pays. Elles ont déterminé le degré et la vitesse de sortie du *male breadwinner model*, le modèle de M. Gagne-pain et Mme au Foyer qui n'est désormais plus vraiment en vigueur nulle part dans l'Union européenne même si les pays du Sud présentent encore de fortes différences en matière d'emploi et de prise en charge des tâches de *care* entre les hommes et les femmes. La Suède est aujourd'hui le pays où le taux d'emploi des femmes est le plus élevé et la prise en charge des activités domestiques et familiales la plus égalitaire.

Pourquoi si peu de filles font-elles des maths ?

Bien que plus diplômées, les femmes sont plus concentrées que les hommes dans un petit nombre de métiers et moins bien payées. L'orientation joue un rôle déterminant. Trop peu de filles vont vers les filières scientifiques. Pourquoi ?

Dans sa publication annuelle intitulée « Filles et garçons sur le chemin de l'égalité », la Direction de l'évaluation, de la prospective et de la performance (DEPP) du ministère de l'Éducation nationale indique que la part de filles dans les spécialités de terminale préfigure leurs choix futurs dans l'enseignement supérieur et leurs métiers. Or dès la terminale, elles sont très peu présentes dans les filières scientifiques qui permettent d'accéder à une palette plus large et mieux rémunérée de métiers.

Parmi les élèves de seconde qui envisagent d'aller en première générale, le choix de spécialité diffère ainsi déjà beaucoup selon les élèves. Un peu plus de 35 % des filles déclarent vouloir suivre l'enseignement de « langues, littératures et cultures étrangères et régionales » contre 15 % de garçons, et un peu plus de 49 % des filles veulent choisir la spécialité « mathématiques » contre presque 68 % des garçons. Alors que les filles étaient déjà beaucoup moins nombreuses que les garçons à suivre un parcours scientifique avant la réforme du bac, celle-ci a aggravé considérablement la situation. Selon le collectif Maths et sciences, on a observé depuis la réforme du lycée une baisse de plus de 60 % du nombre de filles suivant un enseignement de plus de six heures de mathématiques par semaine en terminale. Aujourd'hui, à 17 ans, une fille française sur deux n'étudie plus les mathématiques, contre seulement un garçon sur quatre.

Cela n'est pas sans rapport avec le manque de confiance en soi des filles : en 2022, une étude approfondie de la DEPP a montré que lorsqu'on leur demande si elles pensent avoir réussi le test de français ou de mathématiques, les filles répondent moins souvent favorablement que les garçons. Cela est particulièrement vrai en mathématiques.

Mais cette absence de confiance est le résultat d'une construction sociale. Des travaux récents menés par Clémence Perronet et Aurore Mantel ont montré que la famille et l'école jouent un rôle important dans l'incorporation des normes sociales qui détournent les filles des sciences, et que la culture scientifique est aussi un facteur d'exclusion majeur. Les loisirs scientifiques qui sont répandus chez les garçons ne le sont ainsi pas du tout chez les filles, ce qui empêche le développement d'un sentiment de familiarité avec les sciences. Par ailleurs, les femmes scientifiques sont minorées ou invisibilisées : il n'y a pas de modèle féminin.

Dans *Matheuses. Les filles, avenir des mathématiques*[1], plusieurs scientifiques battent en brèche quelques poncifs : « Les discours pseudoscientifiques

1. Clémence Perronnet, Claire Marc et Olga Paris-Romaskevich (dir.), *Matheuses. Les filles, avenir des mathématiques*, CNRS Éditions, 2024.

qui prétendent prouver l'origine biologique de l'intelligence et les processus d'évaluation à l'œuvre dans le système scolaire desservent systématiquement les femmes. Celles-ci sont toujours considérées comme naturellement moins douées – alors même que des décennies de recherche scientifique établissent que le sexe biologique ne détermine aucunement les capacités cognitives. » Cet ouvrage passionnant rappelle que contrairement aux idées reçues, notre intérêt, notre curiosité et nos compétences en mathématiques ne sont jamais déterminés à l'avance par des caractéristiques biologiques : la socialisation familiale est essentielle. On a beaucoup plus de chances de s'intéresser aux maths et d'être encouragé dans cette voie lorsqu'on a des parents scientifiques – et surtout, pour les filles, une mère scientifique.

De plus, les disciplines scientifiques ne sont pas investies de la même façon selon la valeur qu'on leur prête dans le monde social. L'informatique constitue un bon exemple : loin d'être le résultat de préférences ou de compétences « naturelles », l'absence des filles en informatique est le résultat d'une éviction. Alors qu'elles étaient majoritaires dans cette discipline à ses débuts, les femmes en ont été exclues lorsqu'elle a pris de l'importance et est devenue le lieu d'enjeux de pouvoir économiques et politiques.

La conclusion de l'ouvrage est forte : pour avancer vers l'égalité et réaliser véritablement leur ambition universelle, les mathématiques doivent repenser complètement leur histoire, leur fonctionnement et leur sens.

Comment sauver nos État-providence ?

Pourquoi l'État est-il devenu la providence des individus ?

On fait traditionnellement remonter la notion d'État-providence au discours du député Émile Ollivier lors de la discussion de la loi qui a supprimé le délit de coalition en 1864. Rappelons que c'est en 1791 que les corporations – ces institutions qui organisaient jusqu'alors le travail – ont été supprimées. Grèves, rassemblements, créations de sociétés de secours mutuel sont prohibés. Dans l'exposé des motifs de la loi qui portera son nom, Le Chapelier, un des membres de la Constituante de 1789, affirme, lors de la présentation de sa loi en 1791, la chose suivante : « Il doit sans doute être permis à tous les citoyens de s'assembler ; mais il ne doit pas être permis aux citoyens de certaines professions de s'assembler pour leurs prétendus intérêts communs. Il n'y a plus de corporations dans l'État ; il n'y a plus que l'intérêt particulier de chaque individu, et l'intérêt général. Il n'est permis à personne d'inspirer aux citoyens un intérêt intermédiaire, de les séparer de la chose publique par un esprit de corporation. »

Cette position assez surprenante de la part des révolutionnaires s'explique à la fois par l'attachement à la théorie du philosophe Jean-Jacques Rousseau (pour lequel aucun corps intermédiaire, aucun parti, aucune association ne doit venir empêcher la constitution de la volonté générale), par la critique des économistes à l'encontre des entraves à la liberté du commerce et plus généralement par le souci de permettre la pleine application de la liberté du travail. En effet, « la faculté de travailler est un des premiers droits de l'homme. Ce droit est sans doute [...] la première propriété, la plus imprescriptible » et chacun doit donc pouvoir y avoir accès.

Cette loi Le Chapelier a cependant empêché les ouvriers de se regrouper et de lutter contre des conditions de travail abominables pendant les deux premiers tiers du XIXe siècle. En 1864, la loi Ollivier supprime donc le délit de coalition et permet aux ouvriers de faire grève sous certaines conditions. C'est à cette occasion qu'Émile Ollivier prononce, le 27 avril, un discours dans lequel il reproche aux révolutionnaires d'avoir supprimé tous les corps intermédiaires et laissé les individus seuls face à l'État, devenu dès lors leur providence : « Nous saisissons [...], dans cette théorie exposée par Le Chapelier, l'erreur fondamentale de la Révolution française [...]. De là sont sortis les excès de la centralisation, l'extension démesurée des droits sociaux, les exagérations des réformateurs socialistes ; de là le procès de Babeuf, la conception de l'État-providence, le despotisme révolutionnaire sous toutes ses formes », écrit-il. L'État-providence, c'est cet État qui a désormais vocation à prendre en charge tous les problèmes et à devenir la providence des malheureux. C'est un État qui se substitue à toutes les autres formes de solidarité, dont l'intervention est intempestive et qui menace évidemment les libertés individuelles. Il faut donc remettre des solidarités professionnelles entre les individus et l'État.

Comme François-Xavier Merrien l'a montré dans ses travaux [1], Émile Ollivier n'est en fait pas le premier

1. François-Xavier Merrien, « Aux origines de l'État-providence. Enquête sur une expression controversée », 8 octobre 2019. En ligne : https://laviedesidees.fr/Aux-origines-de-l-État-providence

à employer l'expression d'État-providence. Elle a été mobilisée dans des sens différents tout au long du XIXe siècle et particulièrement à partir de la révolution de 1848. Cette notion est notamment utilisée par les libéraux pour dénoncer les programmes des insurgés et du gouvernement provisoire sous la Seconde République. Tocqueville n'aura de cesse de la dénoncer. Il écrit ainsi dans *L'Ancien Régime et la Révolution* (1856) : « Le gouvernement ayant pris la place de la providence, il est naturel que chacun l'invoque dans ses nécessités particulières. On lui reproche jusqu'à l'intempérie des saisons. »

Pourquoi est-il légitime d'utiliser l'expression « État-providence » ?

L'expression « État-providence » semble avoir été surtout utilisée par des libéraux inquiets du risque de l'expansion de l'État dans ses fonctions de protection et donc dans une acception péjorative. C'est la raison pour laquelle certains chercheurs préfèrent ne pas employer ce terme dans la mesure où il porterait les stigmates de ses origines. Qu'en est-il vraiment ?

Certes, à partir de la seconde moitié du XIXe siècle, les critiques portées par les libéraux, dans le sillage d'Alexis de Tocqueville, contre les fonctions que l'État pourrait exercer en prenant en charge la protection contre la misère sont multiples. Le sociologue François-Xavier Merrien, qui a exploité les corpus, a retrouvé de nombreuses expressions de ces critiques tout au long de la seconde moitié du XIXe siècle. Ainsi en 1849, un des rédacteurs d'un journal conservateur écrit-il que les révolutionnaires sont de grands prometteurs « qui comptent faire bonne chère au peuple à bon marché, car il faudra peu d'impôts à cet État-providence qui prendra pour lui tous les soucis, toutes les sollicitudes, toutes les prévisions laborieuses, et nous préparera à une vie bien arrangée où nous rencontrerons, sans avoir besoin de le chercher, tout ce qui est nécessaire à notre existence, tout ce qui peut la charmer et l'embellir, et où nous n'aurons plus qu'à nous laisser faire ».

Mais les partisans d'un État social ne sont pas en reste : l'un des tout premiers, sinon le premier, à utiliser l'expression est Lamartine, éminent membre du Gouvernement provisoire de la Seconde République qui, dans son *Histoire de la Révolution de 1848*, publiée en 1849, écrit en parlant de lui-même et de son action : « Je voulais que l'État, providence des forts et des faibles, fournît dans certains cas extrêmes, déterminés par l'administration, du travail d'assistance aux travailleurs sans aucune possibilité de se procurer le pain de leurs familles. »

Durant la révolution de 1848, le terme de providence accolé à l'État n'est pas l'apanage de Lamartine, écrit François-Xavier Merrien. On trouve des expressions similaires sous la plume d'éminents réformateurs de 1848 : des socialistes, des républicains radicaux, des républicains modérés, des catholiques sociaux. Certes, les auteurs de la génération de 1848 n'utilisent pas l'expression État-providence proprement dite, mais se contentent le plus souvent de juxtaposer dans la même phrase les mots « État » et « Providence ». Pourtant en 1851, le patron de presse bien connu Émile de Girardin emploie l'expression dans un sens très clairement progressiste dans le nouveau journal qu'il lance : *Le Bien-être universel.* Dans un article publié le 16 mars, sobrement intitulé « L'État », il pose cette question : « Du point de vue du bien-être universel, que doit être l'État ? » ; et y répond ainsi : « L'État doit devenir la providence terrestre de tous. »

À l'origine, la notion d'État-providence est donc ambiguë, critique dans la bouche des libéraux, désirable dans celle des progressistes. Mais à la fin du XIXe siècle, l'État-providence est dénoncé de tous côtés : par les Républicains, les libéraux et les conservateurs pour lesquels chacun devrait apprendre à se prendre en charge au lieu de compter sur l'État mais aussi par certains leaders ouvriers qui revendiquent l'autonomie du mouvement ouvrier. Ou encore par certains leaders socialistes qui se montrent très critiques vis-à-vis de cet engouement des ouvriers pour l'État-providence. Il faudra paradoxalement attendre la fin du XXe siècle pour que la notion d'État-providence prenne de nouveau un sens positif, dans un contexte de crise des politiques keynésiennes et d'attaques virulentes des « néolibéraux » contre les politiques sociales de l'État. Mais en définitive, conclut François-Xavier Merrien, compte tenu de ses origines réelles, il n'y a donc plus aucune raison de contester la légitimité d'une notion qui peut être lavée du soupçon de péché originel.

Pourquoi l'État-providence a-t-il changé de nature au milieu du XXe siècle ?

Pendant qu'en France, les libéraux s'opposent de toutes leurs forces au développement d'une protection collective soutenue par l'État, le chancelier allemand Bismarck met en place en Allemagne, entre 1883 et 1889, un système complet de protection contre l'ensemble des risques sociaux.

Plusieurs raisons l'expliquent. Bismarck a vu les ravages exercés par la suppression des corporations et le développement trop rapide de l'industrialisation, notamment en Angleterre. Par ailleurs, il souhaite couper l'herbe sous les pieds des socialistes dont les idées progressent. Parallèlement, à l'Université, contrairement à ce qui se passe en France, les socialistes de la chaire défendent l'idée que l'intervention de l'État est nécessaire. Bismarck met en place un système d'assurances sociales, alimenté par une cotisation proportionnelle au salaire prélevée à la fois sur les employeurs et les salariés et gérée par ces derniers, organisant ainsi une solidarité professionnelle.

En France, alors que les débats autour de la possible mise en place d'un système de retraites ouvrières et paysannes commencent à la Chambre, les mêmes arguments qu'au XIXe siècle continuent d'être mobilisés. Ainsi l'économiste Paul Leroy-Beaulieu, radicalement opposé à cette possibilité, la fustige-t-il en ces termes en 1901 :

> Fût-il préférable avec de beaucoup moindres sacrifices, un système d'assurances obligatoires contre la vieillesse et l'invalidité nous paraîtrait devoir être repoussé au nom des véritables intérêts sociaux. La civilisation occidentale a dû

tout son essor à la vigueur de l'individu, à l'esprit d'initiative, de hardiesse en même temps que de prévoyance et de capitalisation. Ces qualités qui distinguent l'Européen et l'Américain de même souche des autres races, tout le système d'État soi-disant paternel ou plutôt de législation « grand maternel » [...] tend à les comprimer d'abord, à les éliminer ensuite. L'individu n'aura plus à prendre souci de lui-même, ni la famille d'elle-même ; énergique ou non, actif ou somnolent, capable ou borné, il aura un sort fixé d'avance, ne variant que dans d'étroites limites ; un mécanisme automatique, celui de l'obligation législative, de l'assistance, garantira son avenir. Nous considérons ce système comme détestable, propre à transformer en perpétuels enfants, en êtres engourdis et somnolents, les membres des nations civilisées[1].

La protection sociale ôterait aux individus leur esprit d'initiative et de responsabilité.

Il faudra attendre 1910 pour qu'un système de retraites peu efficace soit mis en place puis un système d'assurances sociales en 1930. Mais avec le

1. Paul Leroy-Beaulieu, « Le prochain gouffre : le projet de loi sur les retraites », *L'Économiste français*, 11 mai 1901.

rapport Beveridge publié en 1942, le rôle affecté à l'État change encore de nature. Le *welfare state* envisagé par Beveridge signifie en effet que l'État est désormais chargé de garantir le bien-être de l'ensemble des citoyens et plus seulement celui des travailleurs. Si tous les systèmes de protection sociale mis en place à la sortie de la guerre ne parviennent pas concrètement à mettre en place cet idéal, il n'en reste pas moins que celui-ci est en rupture avec les assurances sociales mises en œuvre auparavant, qui n'organisaient qu'une solidarité professionnelle entre les travailleurs. Désormais, comme l'avait bien remarqué Guy Perrin dès 1967, et comme François-Xavier Merrien l'a démontré, l'État-providence moderne change de nature. Il ne s'agit plus seulement de protéger les travailleurs mais tous les citoyens contre l'ensemble des risques. Le sociologue Thomas Humphrey Marshall a décrit le passage historique à l'État-providence moderne comme l'accession progressive des droits civiques aux droits politiques puis aux droits sociaux.

Jusqu'aux années 1970, notamment dans les pays européens, les États-providence se déploient en améliorant à la fois le nombre de personnes couvertes, les prestations accordées et le montant de celles-ci. Pourtant, les critiques de l'État-providence n'ont pas été éradiquées. Elles ont simplement été mises en veilleuse.

Pourquoi la critique de l'État-providence a-t-elle persisté au XXe siècle ?

Le fameux rapport de William Beveridge intitulé « Report on Social Insurance and Allied Services » (« Rapport sur l'assurance sociale et les services connexes »), publié en 1942, marque durablement les opinions publiques. Il prône la mise en place d'un système complet de sécurité sociale administré par l'État, comportant une protection contre le chômage, la maladie et la retraite. Ce système sera mis en place au Royaume-Uni à la sortie de la guerre après la victoire des travaillistes aux élections et inspirera la plupart des pays européens, même si de multiples variantes ont été développées.

Pourtant, deux années plus tard, en 1944, le philosophe et économiste Friedrich Hayek, réfugié en Angleterre depuis l'Anschluss et professeur à la London School of Economics, fait paraître *La Route de la servitude*[1] (*The Road to Serfdom*), un ouvrage

1. Friedrich Hayek, *La Route de la servitude*, PUF, « Quadrige », 2013.

qui met le rapport Beveridge au centre de ses critiques. Les premières pages s'ouvrent sur un cri d'alarme : « Nous sommes, écrit Hayek, en danger de connaître le sort de l'Allemagne. » Il poursuit ainsi : « Ce n'est pas à l'Allemagne de Hitler, à l'Allemagne de la guerre actuelle que notre pays [l'Angleterre] ressemble. Mais les gens qui étudient les courants d'idées ne peuvent guère manquer de constater qu'il existe plus qu'une ressemblance superficielle entre les tendances de l'Allemagne au cours de la guerre précédente et après elle et les courants d'idées qui règnent aujourd'hui dans notre pays. »

De quoi peut-il donc bien s'agir ? Quelle peut être la ressemblance entre l'Angleterre, qui s'est farouchement battue contre l'Allemagne pendant toute la guerre, et cette dernière ? C'est précisément le rapport Beveridge, et plus généralement, le keynésianisme, le planisme, le socialisme, cet ensemble d'idées soutenant que l'intervention de l'État importe, notamment pour organiser la vie économique et sociale et la protection de tous les citoyens.

Nous devons cesser de croire que les Allemands sont foncièrement mauvais, explique Hayek, pour comprendre que ce sont leurs idées qui les ont rendus tels, des idées que les Anglais et des pays de plus en plus nombreux partagent désormais. Que s'est-il passé ? « Depuis plus de vingt-cinq ans, écrit Hayek, nous nous sommes progressivement écartés des idéaux essentiels sur lesquels la civilisation européenne est fondée [...] Nous avons peu à peu abandonné cette liberté économique sans laquelle la liberté personnelle et politique n'a jamais existé. Nous n'avons jamais cessé d'aller vers le socialisme alors que la tendance moderne vers le socialisme constitue une rupture brutale non seulement avec le passé récent mais avec toute l'évolution de la société occidentale. »

En résumé, l'Allemagne est devenue nazie non pas malgré le socialisme mais à cause de lui : le socialisme porte en lui le totalitarisme comme la nuée porte l'orage. L'interventionnisme de l'État déployé pendant la guerre – qui semble devoir être prolongé voire étendu et systématisé après celle-ci – produira nécessairement un nouveau totalitarisme. Les idées qui seront développées plus tard par Hayek, notamment dans son ouvrage *Droit, législation, liberté*[1], consistant à opposer deux types

1. Friedrich Hayek, *Droit, législation, liberté*, PUF, 2013.

d'ordre (*kosmos* et *taxis*) dont nous avons parlé précédemment, sont déjà présentes.

À l'époque, ces idées sont peu audibles. En 1947, Hayek invite une trentaine de personnalités à participer à une conférence en Suisse et crée à cette occasion la fameuse société du Mont-Pèlerin. Organisées de façon régulière, ces rencontres vont contribuer à diffuser les idées libérales, critiques du planisme, du keynésianisme et de l'intervention de l'État. Elles vont trouver une audience renouvelée à la fin des années 1960 aux États-Unis puis se répandre à des rythmes différents dans les pays européens durant les décennies suivantes.

Pourquoi l'État-providence a-t-il été radicalement remis en cause dans les années 1980 ?

En 1935, le président américain démocrate Franklin Delano Roosevelt signe le Social Security Act, un des éléments clés du New Deal qui visait à redynamiser les États-Unis après la grave crise de 1929. Il s'agit d'établir un système de protection sociale au niveau fédéral comportant un dispositif de retraite pour les plus de 65 ans, une assurance chômage, et des aides sociales pour les personnes handicapées, les personnes âgées et les veuves avec enfants. Trente ans plus tard en 1964, le président Johnson, également démocrate, propose un ensemble de mesures pour lutter contre la pauvreté, qui touchait alors, selon les estimations, environ 19 % de la population. Cette politique est la poursuite du New Deal et vise à étendre le rôle de l'État fédéral dans sa dimension sociale. L'Aid For Dependent Children qui était jusqu'alors distribuée aux seules veuves avec enfants est étendue à toutes les mères isolées. Elle va devenir la bête noire des critiques de l'État-providence à partir des années 1970.

Le président républicain Nixon lance en 1969 l'expression *workfare* (formée de *work* et *welfare*), qui va être mobilisée de façon polémique par les critiques républicains de l'assistance aux familles pauvres. Les années 1970 et 1980 voient monter les critiques contre le *welfare*, l'assistance aux familles pauvres, accusé d'encourager la fainéantise, de désinciter au travail et d'encourager, notamment chez les familles d'origine africaine, la désagrégation de la famille. Nixon déclare : « *What America needs now is not more welfare but more workfare.* »

Durant les années 1980, ces thématiques trouvent une audience de plus en plus large. Deux auteurs notamment, Charles Murray et Lawrence Mead, développent de façon récurrente la thèse des effets pervers et négatifs des politiques de justice sociale. Elle s'inscrit dans le cadre plus large de l'expansion du néolibéralisme et de sa critique de l'État-providence. Selon les néolibéraux, la politique sociale provoque la désincitation au travail. Les politiques sociales empêchent les individus de se comporter normalement ; elles incitent à la paresse et à l'éclatement des familles ; elles constituent aussi un coût insupportable pour les finances publiques.

Dans son ouvrage de 1984, *Losing Ground*, Charles Murray remet radicalement en cause les programmes de la « grande société » des présidences Johnson et Kennedy, qui ont, dit-il, créé une mentalité d'assisté et une culture de la pauvreté. Il appelle à de profondes réformes pour sortir de la « culture de l'assistance » et propose de démanteler l'État-providence pour revenir aux solidarités spontanées. Les deux auteurs suggèrent de ne donner des aides qu'en contrepartie d'une stricte obligation de travail.

Alors que dans les années 1980 les démocrates s'opposaient radicalement à cette façon de voir et considéraient ces aides sociales comme un droit, les années 1990 vont être le théâtre de leur conversion. En 1992, au cours de sa campagne électorale, Bill Clinton met au centre de ses arguments la promesse de rompre avec la logique traditionnelle de l'État-providence : nous devons, dit-il, « en finir avec l'État-social tel que nous le connaissons » (« *To end welfare as we know it* »). Clinton veut désormais vaincre la « culture de la dépendance permanente aux allocations » comme Tony Blair et son mentor Anthony Giddens le proclament à leur tour exactement au même moment. En 1996, une nouvelle loi sur l'assistance sociale est votée aux États-Unis. Elle décentralise la gestion de l'aide sociale et soumet l'obtention de l'assistance à des conditions. Ce programme va être adopté à des vitesses et des degrés différents par les États européens.

Comment comparer les États-providence ?

Dans un ouvrage considéré comme majeur par les chercheurs en politiques sociales, traduit en français en 1999, aux PUF, sous le titre *Les Trois Mondes de l'État-providence* mais paru en 1990 sous le titre *The Three Worlds of Welfare Capitalism*, le sociologue Gøsta Esping-Andersen propose de distinguer trois types de modèles sociaux différents : le modèle libéral, le modèle corporatiste-conservateur et le modèle social-démocrate. Avant d'exposer chacun plus en détail, arrêtons-nous un instant sur deux points. Le premier pour rappeler l'ambivalence du terme de modèle. Il s'agit non seulement d'une configuration institutionnelle mais aussi d'un exemple à suivre. Assez rapidement, les modèles proposés par Esping-Andersen ont été comparés et leurs performances étalonnées. Certains modèles sont devenus des exemples à suivre par les autres.

Examinons ensuite la manière dont le chercheur construit sa typologie. Il rappelle d'abord qu'il existe trois grandes sources de solidarité : la famille (c'est la première source de solidarité) ; le marché (les individus vendent leur force de travail sur le marché pour obtenir de quoi vivre et se protéger) et l'État. Esping-Andersen étudie la manière dont ces trois sources de solidarité sont mobilisées dans les trois modèles. Trois points vont être particulièrement examinés : 1) le niveau de démarchandisation du système de protection sociale : combien de temps et avec quel niveau de remplacement permet-il de vivre lorsque survient un accident du travail, un enfant, une maladie, la vieillesse ? ; 2) le système de protection sociale reproduit-il ou non la structure de classe et dans quelle mesure ? ; 3) dans quelle mesure cette protection est-elle assurée par des services publics ?

Muni de cette grille d'analyse, Esping-Andersen propose alors de distinguer trois idéaux types d'État-providence. L'État-providence « libéral » est résiduel : il laisse d'abord jouer la solidarité familiale et le marché avant d'autoriser l'État à intervenir, dans des situations très précises et après évaluation des besoins. Il est principalement tourné vers les plus pauvres et les assurances sociales sont modestes. Il accorde un rôle essentiel aux mécanismes de marché et limite sa protection aux plus faibles, qui protégés sont aussi stigmatisés. Ce modèle est plutôt en vigueur aux États-Unis et au Royaume-Uni.

Dans les États-providence conservateurs et fortement « corporatistes », les droits sont garantis, fondés sur le principe de l'assurance sociale, mais aussi sur la classe et le statut social. Ils sont souvent modelés par l'Église et, par là même, fortement liés à la préservation des valeurs familiales traditionnelles. Ce type d'État-providence est adossé au travail salarié, et vise le maintien au moins partiel des revenus lorsque les circonstances mettent les individus en dehors du travail. La redistribution est faible. Dans l'esprit d'Esping-

Andersen, les pays dits bismarckiens rentrent dans cette catégorie : l'Allemagne, la France, la Belgique, l'Autriche en font partie.

Dans le régime social-démocrate, toutes les classes sont incorporées dans un système universel d'assurance sociale, les services sociaux et les indemnités sont élevés. L'État-providence joue un rôle fortement redistributif. Il vise la promotion de l'égalité femmes-hommes et l'autonomie des enfants. Dans cet État-providence universaliste, le niveau de protection sociale est élevé, l'offre de services sociaux importante, le financement est assuré par un impôt fortement progressif. La redistribution est forte. Il est principalement en vigueur dans les pays scandinaves.

Évidemment, cette typologie est amendable. Beaucoup de chercheurs considèrent par exemple que la France est à la fois un État-providence corporatiste-conservateur et un État-providence social-démocrate. Depuis la fin des années 1990, de nouvelles typologies ont vu le jour. Mais surtout, ces vingt dernières années, les comparaisons sont allées bon train. En France, on a vanté les mérites du modèle hollandais puis du modèle irlandais, du modèle danois et du modèle allemand.

Mais aujourd'hui, la plupart des modèles sont en crise.

Pourquoi l'OCDE soutient-elle depuis les années 1980 que l'État-providence est en crise ?

En 1981, l'OCDE publie un ouvrage intitulé *L'État-protecteur en crise*. L'ouvrage rend compte d'un colloque consacré aux politiques sociales qui s'est tenu du 20 au 23 octobre 1980. Dans sa préface, le directeur des affaires sociales, de la main-d'œuvre et de l'éducation de l'OCDE de l'époque rappelle qu'il s'agit de traiter l'un des principaux problèmes de l'époque : pourquoi l'État-protecteur est-il en crise ? Réponse : à cause du ralentissement de l'expansion économique et de la montée du chômage. « L'idée commence à se dessiner, écrit-il, que certaines politiques sociales (indemnisation du chômage, salaire minimum et impôts élevés sur les salaires acquittés par les employeurs) ont des effets négatifs sur l'économie. » Le politiste Vincent Gayon a étudié les rapports de force internes à l'institution et montré qu'il s'agissait d'un moment et d'un texte charnières qui marquent l'abandon du paradigme keynésien et la défaite, à l'OCDE, de ceux qui défendaient la redistribution et le développement de la protection sociale.

Dans le cœur de l'ouvrage, le rapporteur indique qu'il faut expliquer à « l'industrie de la politique sociale » que celle-ci risque de créer des obstacles à la croissance économique, et pointe notamment les rigidités du marché du travail. Les débats se focalisent sur le poids de la fiscalité et des prestations sociales.

En 1994, l'OCDE publie sa grande *Étude sur l'emploi*, un texte important dans lequel l'institution formule de nombreuses recommandations. L'étude prescrit un accroissement de la flexibilité des coûts salariaux et de main-d'œuvre (comprendre une baisse des salaires et des cotisations sociales) et une réforme des dispositions en faveur de la protection de l'emploi. À côté de la baisse des salaires, de la diminution des protections, de la suppression des règles qui entourent l'embauche en CDD ou le licenciement, la réforme de l'indemnisation chômage est également au menu. L'ensemble du système de protection sociale est désormais considéré comme une entrave à la compétitivité des entreprises. Si elles veulent survivre dans un marché globalisé, soutient l'OCDE, ces dernières doivent en effet pouvoir être légères et débarrassées des coûts et des règles que les entreprises des autres pays ne supportent pas.

En 2004, l'OCDE consacre tout un chapitre de son ouvrage annuel, les *Perspectives de l'emploi,* à un indicateur qui calcule le degré de rigidité de la législation protectrice de l'emploi dans différents pays. Les recommandations changent peu mais les bases de données uniques que construit l'Organisation lui permettent de mettre en évidence de nombreuses corrélations, en particulier avec le taux de chômage. Il y aurait un lien, soutient-elle, entre la protection de l'emploi et la durée du chômage.

Depuis les années 1990, l'Organisation défend l'idée que le seul modèle social efficace est le modèle social libéral au sens d'Esping-Andersen, c'est-à-dire celui qui procure une protection résiduelle, focalisée sur les plus pauvres et évite de peser sur les entreprises. En 2006, à l'occasion de la révision de sa stratégie pour l'emploi, l'OCDE opère une petite révolution : elle reconnaît qu'à côté du modèle libéral, le modèle social nordique est également efficace. Mais derrière la reconnaissance du modèle nordique, c'est en fait un pays bien particulier, le Danemark, qui est loué, pour sa prétendue facilité à licencier. Il s'agit donc toujours de permettre aux employeurs de licencier plus facilement, conformément à l'idée que le chômage s'expliquerait par la crainte des employeurs de ne pas pouvoir se séparer de leurs salariés.

Vincent Gayon rappelle qu'après avoir consacré en décembre 2022 une étude à l'« amélioration des régimes par capitalisation », l'OCDE a défendu la réforme française des retraites de 2023. Avec la Banque mondiale et le Fonds monétaire international (FMI), l'OCDE a ainsi contribué depuis la fin des années 1980 à imposer un nouveau cadre intellectuel et à reconfigurer en profondeur notre perception du rôle de l'État-providence.

Pourquoi voulons-nous toujours imiter le modèle social des autres ?

Depuis les années 1990, les dirigeants français n'ont pas cessé d'admirer le modèle social d'autres pays. Le nôtre serait dépassé, nous devrions donc en adopter un autre. Pourquoi ?

En 1997, à la suite de propos élogieux de l'OCDE sur la situation économique des Pays-Bas, se répand l'enthousiasme pour le « miracle néerlandais ». La France devrait s'inspirer de ce modèle, déclare par exemple Jean-Claude Trichet, le gouverneur de la Banque de France. Le pays a réussi à diminuer son taux de chômage à 7 %, en particulier grâce à une politique de modération salariale. En 2000, les yeux se tournent vers l'Irlande pour se pâmer devant le miracle irlandais qui a permis, lui aussi, de faire baisser drastiquement le taux de chômage. En 2004-2005, le miracle danois séduit à son tour une large partie des dirigeants français. Ce pays a réussi à sortir de la crise et fait valoir que cela est dû au triangle d'or qu'il a réussi à mettre en place. Celui-ci consiste prétendument dans une grande facilité à licencier dont les effets sociaux dommageables sont évités grâce à une indemnisation généreuse du chômage et une politique active d'emploi, permettant de reformer et d'accompagner les personnes au chômage rapidement vers l'emploi. Enfin, succédant au miracle danois, le modèle allemand va bientôt faire la une, plébiscité par Nicolas Sarkozy puis quelques années plus tard par François Hollande.

Comme on le voit, la qualification de « miracle » tient principalement à la capacité d'un pays à faire baisser fortement et rapidement son taux de chômage. On cherche alors les recettes ou les réformes qui lui ont permis d'opérer un tel redressement pour tenter d'adopter les mêmes. Un tel exercice est évidemment périlleux car il faut pouvoir imputer les changements aux bonnes causes. Par exemple, l'Allemagne a-t-elle réussi à faire diminuer drastiquement son taux de chômage grâce aux réformes Hartz ou malgré celles-ci ? Déployées entre 2002 et 2004, celles-ci avaient notamment consisté à multiplier les mini-jobs (emplois de courte durée dispensés de cotisations sociales), à réduire la durée de l'indemnisation chômage et à multiplier les incitations à reprendre des emplois à bas salaires. Le tout dans un contexte de très forte modération salariale.

En 2005, dans un texte intitulé « Globalisation and the Reform of European Social Models[1] », l'économiste André Sapir soutient que parmi les quatre modèles sociaux qui existent en Europe, seuls deux sont soutenables : le modèle libéral et le modèle nordique. Les deux autres, le modèle corporatiste-conservateur (auquel appartiennent théoriquement la France, l'Allemagne et la Belgique notamment) et le modèle méditerranéen sont insoutenables parce qu'ils ne sont pas capables d'avoir de hauts taux d'emploi, seule manière de financer la protection sociale. Ces modèles sont condamnés et les pays qui les ont adoptés doivent d'urgence en changer. Deux modèles sociaux sont donc efficaces et le choix doit finalement se faire

1. En ligne : https://graspe.eu/SapirPaper.pdf

entre un modèle social qui nécessite des financements publics élevés (le modèle nordique) et un modèle social qui s'accompagne de hauts taux de pauvreté (le modèle libéral) en raison de la flexibilité des salaires à la baisse.

Finalement, en 2017, l'économiste Jean Pisani-Ferry, qui conseille alors Emmanuel Macron, accorde une interview au *Journal du dimanche* dans laquelle il explique que la France doit s'inspirer partiellement du modèle allemand. « Pour les réformes de l'assurance chômage et du système de retraite, l'inspiration est plus scandinave qu'allemande », indique-t-il. Qu'est-ce que cela peut bien signifier ? « L'idée est de sortir du modèle de protection bismarckien dont nous avons hérité pour aller vers un modèle plus universel dans lequel on protège tous les actifs contre les risques quel que soit leur statut et où les règles de calcul des droits à pension sont les mêmes pour tout le monde à tous les âges de la vie », ajoute-t-il.

Pourquoi (et par quoi ?) veut-on remplacer notre État-providence ?

Nous devons remplacer notre État-providence par un État-protecteur, a indiqué le ministre Bruno

Lemaire à l'occasion de la sortie de son dernier livre en 2023.

En utilisant de manière péjorative le terme d'État-providence, le ministre renoue avec les critiques libérales de la fin du XIXe siècle. Il s'agit bien en effet pour lui de ramener à la surface cette représentation d'un État étouffant, interventionniste, qui empêche les individus de prendre leurs responsabilités et finit par coûter horriblement cher. Mais alors, qu'est-ce qu'un État-protecteur ? Les propos de l'économiste Pisani-Ferry sur lesquels nous nous sommes arrêtés plus haut permettent de le comprendre. Il s'agit, disait-il, de s'inspirer du modèle scandinave et d'abandonner le système de protection sociale bismarckien. Cela signifie d'abord qu'il faut abandonner un système dans l'organisation duquel les partenaires sociaux ont leur mot à dire et qui a longtemps été cogéré avec eux.

Dans le système bismarckien, le financement de la protection sociale est assuré par des cotisations qui sont payées par les employeurs et les salariés et qui étaient gérées à l'origine par ces derniers. Les cotisations sont considérées comme du salaire différé et la protection sociale comme une affaire qui concerne au premier chef les salariés. Originellement,

Bismarck voulait en quelque sorte donner du grain à moudre aux ouvriers. Mais ce système a peu à peu été remis en cause, parce que l'on a considéré qu'il augmentait trop le coût du travail et handicapait la compétitivité des entreprises. En France, les employeurs ont accru leur participation à la gestion de la Sécurité sociale avant qu'une partie du financement ne soit assurée par la contribution sociale généralisée (CSG) et que l'État ne finisse par reprendre en main les grands équilibres par l'intermédiaire du vote annuel du projet de loi de financement de la Sécurité sociale par le Parlement. Les partenaires sociaux ont encore la responsabilité des régimes complémentaires obligatoires de retraite et avaient encore il y a peu celle de l'assurance chômage. Mais l'État vient de récupérer celle-ci.

Le programme annoncé par Jean Pisani-Ferry est donc bien avancé. Il consiste à modifier profondément notre modèle social en sortant du système bismarckien où la protection est fondée sur le travail et appartient d'une certaine manière aux travailleurs, et où l'intervention des partenaires sociaux est forte. Désormais, ceux-ci sont peu à peu évincés de cette responsabilité et l'État assure la gestion de l'ensemble du système. Pourquoi ? Parce que depuis le traité de Maastricht, l'évolution des dépenses publiques est strictement surveillée. Or les dépenses sociales sont, parmi les dépenses publiques, celles qui augmentent le plus vite. Il importe donc de contrôler leur évolution. Alors que les partenaires sociaux, plus particulièrement les syndicats, sont capables d'orchestrer diverses formes de résistance aux menaces de restrictions de droit et de diminution des prestations, et alors que pour faire face à de nouvelles dépenses il est toujours possible d'augmenter les cotisations, la gestion directe par l'État permet de faire passer les réformes plus rapidement et de jouer sur la peur de l'augmentation des impôts.

Sur quoi débouchera la sortie du modèle bismarckien ? Sur le modèle libéral, où la protection est résiduelle, concentrée sur les plus pauvres et ne constitue finalement qu'une pauvre protection, les plus aisés s'achetant une protection individuelle sur mesure ? Ou sur le modèle nordique, plus généreux mais lui aussi en voie de rétrécissement ? Le risque est réel comme la réforme de l'assurance chômage, menée tambour battant, l'a montré. L'idée maîtresse qui guide le gouvernement semble bien être que le système de protection sociale est trop généreux, qu'il faut réduire la partie financée par des prélèvements obligatoires qui gonfle les dépenses et le déficit publics pour laisser les individus assurer eux-mêmes une plus grande part de celle-ci au risque d'augmenter considérablement les inégalités. Une telle reconfiguration est dangereuse. Elle ne peut se faire en catimini et appelle au contraire un large débat et une prise en compte sérieuse des arguments évoqués en 1945 par Pierre Laroque, l'auteur des ordonnances créant la Sécurité sociale qui était fortement opposé au financement de la Sécurité sociale par l'impôt.

4

Engager nos sociétés dans la reconversion écologique

Vers la post-croissance

Pourquoi reconstituer les étapes de la croissance ?

En 1960, paraissait *Les Étapes de la croissance économique. Un manifeste non communiste*, un ouvrage rassemblant les conférences données par Walt Whitman Rostow à l'université de Cambridge, puis publiées dans *The Economist.* L'ouvrage défendait l'idée que le développement économique d'un pays passe nécessairement par cinq phases, allant de la société traditionnelle à la société de consommation.

Quelques décennies plus tard, dans son ouvrage *L'Économie mondiale. Une perspective millénaire* (publié par l'OCDE en 2001), l'économiste Angus Maddison propose une histoire mondiale différente dans laquelle il reconstitue pour chaque continent les étapes de la croissance depuis l'an 1. L'auteur montre notamment que la Chine a présenté jusqu'au XIVe siècle un revenu par habitant plus élevé que celui de l'Europe, mais insiste sur « le caractère exceptionnel, dans le développement mondial, de la performance économique sur le long terme de l'Europe occidentale ». « En l'an 1000, indique-t-il, son niveau de revenu était tombé en deçà de celui de l'Asie et de l'Afrique du Nord ; au XIVe siècle, à l'issue d'une longue résurrection, elle avait rattrapé la Chine (premier pays du monde) ; en 1820, ses niveaux de revenu et de productivité étaient plus de deux fois supérieurs à ceux du reste du monde ; en 1913, le niveau de revenu de l'Europe occidentale et des pays d'immigration européenne était plus de six fois supérieur à celui du reste du monde. » Comment expliquer cette évolution ?

Maddison réfute la thèse de certains de ses prédécesseurs, dont Paul Bairoch, selon lesquels l'Europe de l'Ouest aurait été moins riche que la Chine jusqu'en 1800 et aurait, à partir de ce moment, principalement construit sa supériorité sur l'exploitation des autres pays. Maddison soutient que l'Europe de l'Ouest était déjà riche avant la révolution industrielle par comparaison aux autres parties du monde, cette position se justifiant par

« son avance scientifique, des siècles de lente accumulation et la solidité de son organisation et de sa finance ».

L'objectif de Maddison est en effet de comprendre les facteurs qui expliquent les divergences entre les pays et notamment l'avancée de certains. Parmi ceux-ci, il souligne la place accordée à la science au cours de la modernité occidentale : « Le fondement le plus important fut la reconnaissance de la capacité humaine à transformer les forces de la nature par le biais de la méthode scientifique rationnelle et de l'expérimentation. C'est en effet à partir du XVIIe siècle que les élites occidentales ont abandonné la superstition, la magie et la soumission à l'autorité religieuse. » On reconnaît ici la thèse de Weber pour qui la domination de la magie a constitué l'un des freins les plus puissants à la rationalisation de la vie économique : elle implique en effet une « attitude stéréotypée face à la technique et à l'économie [1] ». Maddison cite également le développement d'un système de comptabilité et de codes de commerce permettant un calcul rationnel des profits et des pertes ; le

1. Max Weber, *Histoire économique. Esquisse d'une histoire universelle de l'économie et de la société* (1923), Gallimard, 1991.

rôle de l'entrepreneur ; l'abolition des contraintes féodales sur l'achat et la vente des propriétés, la création d'un système légal non discrétionnaire de protection des droits de la propriété, l'accroissement du nombre d'institutions et d'instruments financiers dignes de foi.

Ce sont ces différents facteurs qui expliquent l'émergence de plusieurs pays que Maddison considère comme des cas historiques exemplaires et sur lesquels il s'attarde longuement dans son ouvrage : la république de Venise – l'économie la plus riche d'Europe entre le XIe et le XVIe siècle ; le Portugal – à l'avant-garde de l'expansion européenne dans l'Atlantique ; les Pays-Bas – premier pays européen en termes de revenu par habitant entre 1600 et 1820 – et le Royaume-Uni qui a jeté les bases de la technologie industrielle et des transports.

L'expérience de ces quatre pays permet de comprendre, écrit Maddison, les origines de la croissance économique. Il n'ignore pas le rôle de la colonisation et de l'exploitation dans ce processus : l'ascension occidentale s'est accompagnée, écrit-il, de violences à l'égard des autres parties du monde. Il nous faut donc comprendre combien la croissance est liée à la puissance.

Pourquoi mesure-t-on la croissance du PIB ?

Selon Angus Maddison, entre l'an mil et 1820, la croissance a eu un caractère essentiellement « extensif » : la plus grande partie a servi à faire vivre une population dont l'effectif avait quadruplé. À partir de 1820, le développement devient beaucoup plus dynamique et « intensif ». De 1950 à 1973, se déploie ce que Maddison appelle « l'âge d'or » : le PIB mondial augmente de 5 % par an. C'est aussi à ce moment que se mettent en place les premiers systèmes de comptabilité nationale qui visent à mesurer de façon précise les augmentations du PIB.

En 1932, le Sénat américain demande à Simon Kuznets de mesurer la perte du revenu dû à la Grande Dépression. L'économiste rend son estimation en 1934. En 1935, est employée pour la première fois la notion de « produit national brut » et les années suivantes, plusieurs estimations sont publiées. En raison de la nécessité d'évaluer la capacité à produire des armements et de la diffusion de la pensée keynésienne, les travaux s'intéressent désormais plus à la production qu'aux revenus. Les premiers comptes nationaux voient le jour à ce moment, aux États-Unis, en URSS et en France, sur des bases différentes.

Dans son livre *Les Comptes de la puissance*[1], le sociologue François Fourquet a mis en évidence la conjugaison, chez les créateurs de ces nouveaux dispositifs comptables, d'une forme de haine de la décroissance (qui aurait conduit à la défaite française) et de la volonté de rendre visibles les facteurs permettant de renforcer la production, notamment matérielle, de faire jaillir la croissance, et finalement de mettre en évidence la puissance de la nation. « L'économie d'une nation, écrit le sociologue, c'est cette ressource, cette immense réserve de forces qui est derrière le fer de lance militaire, qui soutient la pointe avancée de la puissance, mais forme le corps réel et profond de cette puissance. L'économie, c'est l'intendance de l'État en guerre. »

Depuis les années 1960, comme l'a raconté le comptable André Vanoli dans son *Histoire de la comptabilité nationale*[2], s'est mis en place un processus de standardisation des comptes nationaux. Désormais, le PIB est calculé de la même façon dans le monde entier, selon les consignes édictées

1. François Fourquet, *Les Comptes de la puissance. Histoire de la comptabilité nationale et du plan*, Éditions Recherches, 1980.

2. André Vanoli, *Une histoire de la comptabilité nationale*, La Découverte, 2002.

par le Système de comptabilité nationale, un guide signé par les cinq plus grandes organisations internationales. Le PIB est devenu une norme universelle et le PIB par habitant l'indicateur majeur permettant de comparer les pays.

Alors que Simon Kuznets avait rappelé à maintes reprises que le PIB était une convention – résultant donc d'un certain nombre de choix –, et qu'il ne devait en aucun cas être considéré comme un indicateur de bien-être, tout ceci a été oublié. Malgré les critiques récurrentes, nous continuons à considérer la croissance du PIB comme la meilleure des choses et les responsables politiques ne cessent de déplorer les faibles taux de croissance et d'implorer le retour de celle-ci. Le PIB est censé être à l'origine de l'augmentation des revenus, de la création d'emplois, de l'amélioration de la santé, etc. Et de fait, il existe bien une corrélation entre ces grandeurs. Pourtant, cet indicateur nous donne une image extrêmement restrictive de la richesse. Il compte pour zéro de très nombreuses activités essentielles à la reproduction de la vie sociale (travail domestique, activités familiales, bénévolat, etc.). Il considère comme utiles toutes les productions, y compris les plus toxiques. Il ne donne aucune indication sur l'évolution des patrimoines critiques (patrimoine naturel, santé sociale) affectés par les opérations de production ou de consommation. Une société peut donc avoir un fort taux de croissance du PIB avec de très fortes inégalités et un patrimoine naturel dévasté. Intéressons-nous à la manière dont ces critiques ont été accueillies.

Pourquoi parle-t-on de dégâts de la croissance ?

En mars 1972, paraît le rapport *Limits to Growth* (*Les Limites à la croissance*). Une équipe dirigée par Dennis Meadows a construit un modèle qui met en évidence que si l'humanité continue sur la même voie, elle connaîtra un effondrement avant la fin du XXIe siècle. Seul un scénario où la population et la production seraient stabilisées permettrait d'éviter ce dénouement fatal. Le rapport obtient une audience internationale. Le magazine américain *Time* en propose une version synthétisée. Mais comme l'a expliqué Élodie Vieille Blanchard dans la thèse qu'elle a consacrée à ce rapport [1], une partie des économistes s'acharne à décrédibiliser celui-ci, notamment le futur récipiendaire du prix Nobel en économie en 2018 : William Nordhaus. Ce dernier

1. *Les Limites à la croissance dans un monde global : modélisations, prospectives, réfutations*, 2011.

refuse de considérer comme inéluctable le processus d'épuisement des ressources. Il soutient qu'il existe des possibilités de substitution entre matière, capital et travail, et que la prise en compte du prix doit permettre de préserver efficacement les ressources.

Mais le rapport a converti un personnage important : le vice-président de la Commission européenne chargé de l'Agriculture, Sicco Mansholt. Depuis plusieurs mois, il reçoit des comptes rendus de l'avancement des travaux de l'équipe Meadows. Il est bouleversé par ce qu'il y apprend. En février 1972, quelques semaines avant la publication du rapport, il écrit à son collègue, le président de la Commission européenne, une lettre dans laquelle il prône une bifurcation radicale de l'Europe, seule à même, selon lui, d'éviter au monde une crise majeure[1]. Ce qu'il présente est un véritable programme de transformation écologique et sociale.

Mansholt propose de réduire drastiquement la consommation, en particulier celle des personnes les plus aisées et des pays les plus riches, et d'organiser un transfert important de richesses des

1. Sicco Mansholt, *La Lettre Mansholt*, *op. cit.*

pays du Nord vers les pays du Sud. Il suggère que la forte réduction de la consommation de biens matériels par habitant soit compensée par l'extension de biens incorporels (prévoyance sociale, épanouissement intellectuel, organisation des loisirs et des activités récréatives) et par l'accès collectif à des services publics. Il n'hésite pas à parler d'économie fermée, de protectionnisme, de bonheur national brut et bien sûr de… croissance zéro voire de croissance négative.

Quasiment l'ensemble de la classe politique et de la presse, à quelques exceptions près, va clouer Mansholt au pilori. Georges Marchais, le secrétaire national du Parti communiste français, lance le premier l'assaut – un assaut d'autant plus violent qu'il s'agit d'instrumentaliser le rapport dans le combat mené par le PCF contre le oui au référendum au cours duquel les Français doivent ratifier ou non l'entrée de quatre nouveaux pays dans la Communauté européenne. Il utilise la lettre pour dénoncer la politique que prépare, selon lui, la Communauté européenne : une politique dirigée contre les ouvriers, l'augmentation de leur niveau de vie et leur bien-être. Il est bientôt rejoint par la droite, le parti patronal… C'est la curée.

Mansholt devient président de la Commission européenne mais ne parviendra pas à faire triompher ses idées. En 1974, ayant quitté ses fonctions, il précise sa pensée dans un ouvrage intitulé *La Crise*[1]. Il faut, dit-il, commencer par réduire drastiquement les inégalités : les plus aisés doivent réduire radicalement leur consommation. Il faut aussi adopter une autre définition de la compétitivité et cesser de vouloir être toujours plus productifs. De façon plus générale, Mansholt soutient avec raison qu'une société de non-croissance demandera beaucoup plus de travail. Il faut impliquer les travailleurs dans ce processus : la gouvernance de l'entreprise doit être complètement revue et les travailleurs doivent participer à la définition de la production qui sera capable de satisfaire les besoins de tous et pas de certains seulement.

Mais comme l'indique le titre de son ouvrage, c'est la crise. Celle-ci va envoyer aux oubliettes toutes les critiques de la croissance. Il faudra attendre la fin des années 1990 pour que ces idées soient à nouveau audibles.

1. Sicco Mansholt, *La Crise,* Stock, 1974.

Pourquoi parle-t-on de post-croissance ?

À la fin des années 1990, plusieurs travaux réinterrogent la croissance. En 1998, le rapport mondial sur le développement humain distingue développement et croissance économique et rappelle que cette dernière n'est pas une fin en soi ; en 2001, le département de l'OCDE publie un rapport intitulé *Du bien-être des nations* dans lequel la croissance du PIB est relativisée. Dans *Qu'est-ce que la richesse ?*[1], j'ai tenté de comprendre au terme de quel processus nous avions pu réduire la richesse de la société à son taux de croissance et proposé que nous adoptions d'autres critères de richesse. À la recherche d'indicateurs alternatifs au PIB, les économistes Jean Gadrey et Florence Jany-Catrice découvrent au début des années 2000 de nombreux indicateurs de richesse qu'ils présentent dans leur ouvrage éponyme.

Depuis ce moment, nous plaidons pour l'adoption de quelques indicateurs non monétaires (par exemple l'empreinte carbone et l'indice de santé sociale) choisis au terme d'une délibération démocratique – seule susceptible de dire ce qui compte

1. Dominique Méda, *Qu'est-ce que la richesse ?*, Aubier, 1999.

– qui permettraient d'enserrer le PIB dans des limites physiques (les fameuses limites planétaires) et sociales. Nous proposons donc de raisonner « au-delà du PIB » sans savoir si les investissements massifs que nous devons consacrer à la transition écologique ne conduiront pas à un surcroît temporaire de croissance. Cette position est critiquée à la fois par les économistes *mainstream* et par ceux qui pensent que le PIB n'est pas mauvais en soi : Jean-Marie Harribey rappelle par exemple que celui-ci est la somme du PIB marchand et non marchand qui comprend l'ensemble des services rendus par les administrations, et est donc très précieux.

D'autres chercheurs prônent la décroissance de l'économie, c'est-à-dire la diminution de la taille de celle-ci, dans la lignée des travaux d'Herman Daly. Serge Latouche, Paul Ariès, Vincent Liegey, Agnès Sinaï, Jason Hickel, Giorgos Kallis ou Timothée Parrique appartiennent à ce courant. Ils considèrent que la production doit drastiquement diminuer, de manière organisée.

Les deux « écoles », celle de la post-croissance et celle de la décroissance, qui comprennent aussi des chercheurs comme Tim Jackson, Kate Raworth ou Éloi Laurent, sont d'accord sur de nombreux points, parmi lesquels : la nécessaire diminution de la consommation matérielle, la rupture avec la dynamique d'accumulation du capitalisme et la nécessité d'adopter comme objectif la satisfaction des besoins minimaux de tous, la sobriété, une politique de réduction drastique des inégalités qui suppose des transferts massifs de richesse à l'intérieur des pays et entre les pays. Ils s'accordent également sur les propositions qui figurent dans le dernier rapport du Groupe d'experts intergouvernemental sur l'évolution du climat (GIEC) et sur l'urgence de prendre des mesures radicales. Nous nous sommes toutes et tous retrouvés au Parlement européen les 15, 16 et 17 mai 2023 lors des journées organisées par le député belge vert Philippe Lamberts et intitulées *Beyond Growth* auxquelles assistaient des milliers de jeunes.

Le courant des nouveaux indicateurs de richesse et de la post-croissance dont je fais partie a jusqu'ici évité d'utiliser le terme de décroissance, non seulement parce que celui-ci, au contraire du terme de croissance, sonne de manière très négative et risque de décourager toutes celles et tous ceux qui considèrent qu'ils n'ont déjà pas assez pour vivre mais aussi parce que nous ne savons pas si dans les vingt ans à venir les investissements massifs à consacrer à la reconversion écologique n'entraîneront pas un surcroît de croissance. Les tenants de la décroissance revendiquent au contraire la capacité de ce mot-obus à faire bouger les consciences et à provoquer le sursaut nécessaire, comme le suggère la députée Delphine Batho. Les responsables politiques et la grande majorité des économistes continuent de refuser l'emploi de ces termes, préférant les expressions « croissance durable », « croissance soutenable », « croissance verte », « croissance équitable », « croissance inclusive ». Ils persistent à penser que la croissance est nécessaire pour continuer à augmenter les niveaux de revenus, d'éducation, de santé et pour alimenter le progrès. Il est pourtant grand temps, si nous voulons éviter une tragédie, de redéfinir le progrès.

Les sciences face au changement climatique

Comment les différentes sciences appréhendent-elles les relations entre humains et nature ? Y a-t-il, comme le soutiennent un certain nombre d'auteurs, une forme d'anthropocentrisme des sciences, en particulier des sciences humaines et sociales ? On a reproché à l'économie et à la sociologie de raisonner exclusivement à partir du point de vue des humains. Les sciences humaines et sociales doivent-elles reconsidérer leurs fondements, revoir leurs articulations avec les sciences physiques et naturelles, repenser la façon dont les humains sont encastrés dans la nature, dans la biosphère ? Ces questions ne sont pas que théoriques, elles engagent toute la réflexion sur l'enseignement des disciplines et la façon dont celles-ci peuvent être plus ou moins facilement conjuguées par les élèves et les étudiants. Le nouvel enseignement sur les enjeux écologiques désormais obligatoire dans les premières années d'enseignement supérieur qui est en train d'être mis en place à la suite de la remise du rapport Jouzel – « Sensibiliser et former aux enjeux de la transition écologique et du développement durable dans l'enseignement supérieur » – exige sans nul doute une telle révision.

Pourquoi la science et la technique ne suffiront-elles pas à faire face à la crise écologique ?

En 1967, Lynn White, un historien américain spécialiste du Moyen Âge, publie un article intitulé « Les racines historiques de notre crise écologique[1] ». Le texte s'ouvre par un rappel du fait que l'espèce humaine a toujours modifié son milieu mais l'auteur soutient, je cite, qu'« en

1. Disponible en français aux PUF, 2019.

dehors de l'homme aucune créature n'a jamais souillé son habitat avec autant de rapidité ». Pourquoi ? L'historien semble d'abord proposer une explication technique : au IXe siècle de notre ère, indique-t-il, une charrue d'un type nouveau, permettant un labour beaucoup plus efficace qu'auparavant, a introduit un changement majeur dans les rapports entre humains et nature : « Auparavant, l'homme faisait partie de la Nature, écrit-il ; désormais il l'exploitait. »

Mais cette invention technique n'est ni due au hasard ni la cause première du bouleversement auquel White s'intéresse. Car, écrit-il, « ces innovations semblent correspondre à des mouvements de pensée plus vastes. Ce que les gens font de leur milieu écologique dépend de la façon dont ils perçoivent leur relation aux choses qui les entourent. L'écologie humaine est largement conditionnée par des croyances relatives à notre nature et à notre destinée – c'est-à-dire par la religion ». Si une telle invention technique a pu exister, c'est qu'un nouveau cadre de représentation du monde s'est imposé. Ce cadre, pour White, c'est la religion judéo-chrétienne et plus particulièrement la Genèse – le récit de la création du monde qui figure dans l'Ancien Testament – qui l'a instauré.

Dans ce texte, le monde est créé par Dieu, l'homme est fait à l'image de Dieu (*imago Dei*) et il a vocation à régner sur la nature. Dieu lui enjoint en effet « de *dominer* sur les poissons de la mer, sur les oiseaux du ciel, sur le bétail, sur toute la terre, et sur tous les reptiles qui rampent sur la terre », ainsi que de « remplir et assujettir la terre ». Raison pour laquelle, selon White, « le christianisme est la religion la plus anthropocentrique que le monde ait jamais connue ». Le texte biblique contient selon lui les composants fondamentaux d'une vision du monde en rupture complète avec le paganisme : alors que dans l'Antiquité, chaque arbre, chaque source, chaque colline avait son propre génie protecteur, le judéo-christianisme aurait désacralisé le monde et permis l'exploitation de la nature.

Selon White, la science occidentale est profondément liée à cette représentation du monde : comme Dieu a créé la nature, celle-ci doit témoigner de l'intellect divin. Dès lors, il était légitime de développer l'étude de la nature sous le prétexte de mieux comprendre Dieu. Puisque notre science et notre technique sont nées d'une attitude chrétienne concernant les relations de l'homme et de la nature qui est désormais universellement répandue et qu'en vertu de celle-ci, « nous nous sentons supérieurs à la nature, nous la méprisons, nous voulons l'utiliser pour satisfaire le moindre de nos caprices », ce n'est donc pas en recourant à toujours plus de science et de technique que nous nous en sortirons.

Comment rompre avec cette représentation du monde où l'humain est supérieur à la nature ? C'est à nouveau à la religion que White considère qu'incombe cette mission. L'article se termine par une apologie de François d'Assise, ce religieux qui prônait l'égalité de toutes les créatures. White conclut ainsi son article : « Je propose de faire de François d'Assise le saint patron des écologistes. » En 2015, dans son *encyclique Laudato si', sur la sauvegarde de la maison commune*[1], le pape ne dira pas autre chose.

Pourquoi la science économique a-t-elle oublié la nature ?

Dans la deuxième moitié du XVIIIe siècle, ceux que l'on appelle à l'époque les « économistes » – les physiocrates – soutiennent que seule la nature crée véritablement de la richesse : seule la terre crée du nouveau. C'est la raison pour laquelle ce

1. Salvator, 2015.

sont les agriculteurs qui forment la classe productive. Adam Smith, David Ricardo et Thomas Malthus accorderont également une grande considération à la terre et plus généralement aux ressources naturelles, même si leur attention est désormais plutôt tournée vers le travail et sa puissance productive. Chez les économistes classiques, la terre résiste à l'exploitation continue par des rendements décroissants : en effet, les terres mises en culture sont de moins en moins fertiles.

Mais les choses changent au XIXe siècle. L'économiste français Jean-Baptiste Say exclut les « richesses naturelles » de la sphère de l'économie politique « par la raison qu'elles ne peuvent être ni produites, ni distribuées, ni consommées ». Les économistes néoclassiques voient bien dans la terre un facteur de production mais non limitant. La production nécessite une habile combinaison de travail, de terre et de capital, qui sont désormais substituables : on peut remplacer des quantités de l'un par des quantités de l'autre et obtenir la même production. Dans les fonctions de production qui sont développées à la fin du XIXe siècle, la nature disparaît. Désormais, la terre n'est plus un facteur matériel résistant, une force de rappel, une matière qui s'oppose. L'économie dominante se déréalise peu à peu malgré les travaux de

Stanley Jevons, des ingénieurs économistes comme Sadi Carnot ou encore des premiers économistes écologues. On pourrait dire qu'elle devient « hors sol ».

Comme l'explicitera plus tard le mathématicien et économiste hétérodoxe roumain Nicholas Georgescu-Roegen, cette manière de procéder dissocie radicalement l'activité économique du cadre naturel dans lequel elle s'inscrit. Seules les variations de quantité comptent (au détriment des changements de qualité) ; les contraintes naturelles ont disparu, les phénomènes sont interprétés selon une logique mécaniste sans que soient pris en considération les caractéristiques matérielles des réalités ou les flux de matière et d'énergie transformés au cours de l'activité de production. La réalité de la disparition matérielle de certaines ressources non renouvelables (le charbon, les minerais) qui sont consommées au cours du processus de production ou de la dégradation de la qualité de certaines autres (l'eau, l'air, les écosystèmes, etc.) est simplement passée sous silence, rendue invisible dans la représentation mathématique du phénomène.

À partir des années 1970, la théorie économique standard étend son champ d'application à l'environnement en tentant de faire entrer dans le calcul économique des agents des informations – qui étaient jusque-là restés cachées – en s'appuyant sur le signal-prix. Dans les années 1980, un autre courant, l'économie écologique, rompt avec cette approche et considère au contraire l'économie comme un sous-ensemble intégré dans un système plus grand, la biosphère, dont il dépend. Dans un article passionnant publié en 2007, intitulé « How to be an ecological economist ? [1] », l'économiste Malte Faber explique que c'est notamment parce que l'économie *mainstream* considère la nature comme un sous-système de l'économie qu'il a quitté ce courant pour devenir un économiste écologiste. Il souligne néanmoins les fragilités de ce nouveau champ, dynamique mais traversé par de nombreux sous-courants et controverses. Portée par des auteurs comme Georgescu-Roegen, Herman Daly, René Passet, Kenneth Boulding ou Joan Martinez Alier, cette conception de l'économie peine à s'imposer et reste aujourd'hui encore extrêmement minoritaire. Cette histoire est notamment bien racontée dans l'ouvrage *Humanités environnementales* [2].

---

1. *Ecological Economica*, mai 2008.
2. Guillaume Blanc, Élise Demeulenaere et Wolf Feuerhahn (dir.), *Humanités environnementales. Enquêtes et contre-enquêtes*, Édition de la Sorbonne, 2017.

Pourquoi un économiste a-t-il pu affirmer que le réchauffement optimal était de 3 degrés ?

En 1972, lorsque paraît le rapport Meadows, *Limits to Growth*, qui annonce un possible effondrement des sociétés avant 2100 si rien ne change, William Nordhaus est un des économistes les plus critiques. Comme l'a expliqué Élodie Vieille Blanchard dans sa thèse, Nordhaus s'insurge contre l'absence de prise en compte des mécanismes économiques dans ce travail qui traduit, selon lui, une vision figée des relations entre humains et nature et conduit à considérer le processus d'épuisement des ressources naturelles comme inéluctable. Il souligne deux points essentiels : 1) le rapport Meadows oublie qu'il peut y avoir un processus de substitution entre matière, travail et capital mais aussi entre les différentes ressources. Ce n'est pas parce qu'une ressource vient à être épuisée qu'on ne va pas en trouver une autre pour la remplacer ; 2) le mécanisme des prix permet justement de soutenir ce processus : à mesure qu'une ressource vient à décliner, son prix augmente et incite donc à se reporter sur une autre. L'idée majeure qui sous-tend son raisonnement, c'est que le progrès technologique nous tirera toujours des situations difficiles, comme cela a été le cas depuis les origines de l'humanité. Nous devons croire au génie humain et au progrès technologique qui en est le fruit. La nature ne peut pas nous imposer de limites.

Nordhaus a obtenu le prix de la Banque de Suède en sciences économiques en mémoire d'Alfred Nobel pour l'ensemble de ses travaux sur le climat en 2018. Et pourtant, selon un certain nombre de critiques, son action a contribué à considérablement retarder la prise de conscience de l'urgence. Il est en effet le premier économiste à appliquer une analyse coûts-bénéfices au réchauffement planétaire en comparant les coûts causés par le réchauffement climatique et les coûts de la réduction des émissions de gaz à effet de serre. À partir de son modèle DICE (D*ynamic Integrated model of Climate and the Economy*), qui remplacera celui des Meadows, Nordhaus affirme que le réchauffement optimal est de 3 degrés. Cela signifie que le coût de l'action permettant de limiter l'augmentation de la température terrestre à moins de 3 degrés est supérieur aux bénéfices attendus.

Nordhaus fait donc comme si l'humanité était capable de supporter un réchauffement de 3 degrés alors qu'une augmentation de 2 degrés risque déjà de rendre certaines parties de la planète totalement inhabitables. Dans un article publié en 2019, l'économiste Steve Keen critique avec vigueur les travaux de Nordhaus. Il aurait, selon lui, omis d'intégrer dans ses équations une notion déterminante pour les climatologues : celle du point de basculement, qui signifie que les évolutions ne sont pas linéaires et peuvent connaître de brusques changements une fois que certains seuils sont franchis. Il conclut ainsi ses réflexions : « Plutôt que d'intégrer le changement climatique dans l'analyse économique de long terme, comme le mentionne son prix Nobel, Nordhaus a emmené l'espèce humaine dans une promenade qui la conduit vers la possibilité d'une hécatombe. »

Un autre économiste, Martin Weitzman, a défendu l'idée que la question du niveau de réduction des émissions devait considérer non pas seulement le « scénario moyen » mais également l'étendue des possibles, y compris les scénarios extrêmes. Par exemple, s'il y a une chance sur cent de se diriger vers une « planète bouillante » majoritairement inhabitable pour les humains, nous devrions être prêts à réduire drastiquement les émissions, même si les dommages « moyens » sont limités. De son côté, Steve Keen conclut son article ainsi : « Étant donné le niveau irrémédiablement mauvais du travail qu'ont fait les économistes sur les conséquences économiques du changement climatique, cette tâche devrait être laissée entre les mains des climatologues. »

Pourquoi peut-on soutenir que la sociologie est anthropocentrique ?

Dans un important article publié en 1978, « Sociologie environnementale : un nouveau paradigme[1] », les sociologues américains William R. Catton et Riley E. Dunlap dénoncent l'existence, derrière la diversité des courants sociologiques, d'un postulat commun, anthropocentrique, baptisé « le paradigme de l'exception humaine ». Selon les auteurs, ce paradigme s'appuie sur les présupposés suivants : les humains sont uniques parmi les créatures existant sur terre car ils ont une culture ; la culture varie presque à l'infini et peut évoluer plus vite que les caractéristiques biologiques ; de nombreuses différences humaines sont induites par la société plutôt qu'innées et peuvent être modifiées par la société ; l'accumulation culturelle signifie que le progrès peut se poursuivre sans limites et rendre tous les problèmes sociaux solubles. Ils reprochent aux sociologues d'avoir négligé les

1. « A new ecological paradigm for post-exuberant sociology », *American Behaviour Scientist*, vol. 24, n° 1, sept-oct. 1980.

lois des autres sciences (par exemple le principe d'entropie et la loi de la conservation de l'énergie), comme si les actions humaines pouvaient s'y soustraire.

La lecture des travaux d'écologistes comme Rachel Carson oblige les sociologistes, plaident-ils, à abandonner la norme traditionnelle de la pureté sociologique imposée par Émile Durkheim : cette idée que les faits sociaux ne pourraient être expliqués que par d'autres faits sociaux. Même lorsqu'il est question de nature et de matière, les sociologues persistent à ne voir que des institutions, des milieux culturels et sociaux, dénoncent-ils. Ils en appellent dès lors à la substitution d'un nouveau paradigme au paradigme de l'exceptionnalité humaine : la sociologie environnementale.

De fait, dans *Les Règles de la méthode sociologique* (1895), le sociologue Émile Durkheim – considéré comme le père de la discipline –, affirme explicitement que le social est un objet à part, doté d'une réalité propre et nécessitant une méthode d'étude singulière. Et même si cette question est très controversée – certains auteurs considérant que ni Durkheim ni la sociologie en général n'ont oublié la nature et que William Catton et Riley Dunlap vont trop loin dans leur critique –, on ne peut nier que la sociologie comme l'économie ont longtemps partagé un intérêt presque exclusif pour les humains et la façon dont ceux-ci organisent leur vie collective sans porter une véritable attention à la manière dont ils sont encastrés dans la nature et soumis aux lois naturelles – même s'ils parviennent parfois à modifier celles-ci.

C'est la raison pour laquelle les travaux d'Aldo Leopold, qui écrit, en 1949, *Almanach d'un comté des sables*, sont intéressants à étudier. Considéré comme un des premiers écologues, il remet en cause le paradigme de conquête et d'exploitation que les humains entretiennent avec la terre et propose d'adopter une « éthique de la terre ». Dans celle-ci, les règles de conduite ne concernent plus les rapports des humains entre eux mais ceux que les humains entretiennent avec la terre. L'humain n'est plus le point de vue à partir duquel tout prend sens et vers lequel tout converge : à l'anthropocentrisme succède une forme de biocentrisme. C'est la communauté biotique, c'est-à-dire l'ensemble des êtres vivants et non vivants, de leurs interactions et de leurs interdépendances qui devient le centre d'intérêt. D'où un changement majeur des règles de justice : « Une chose est juste, écrit Leopold, lorsqu'elle tend à préserver l'intégrité, la stabilité et la beauté de la communauté biotique. Elle est mauvaise lorsqu'il en va autrement. » Il faut donc, suggère-t-il, substituer au paradigme de la conquête et de l'exploitation un rapport de respect, de soin et même d'amour entre les humains et la terre.

Pourquoi l'idée d'une science interdisciplinaire capable de traiter les questions écologiques progresse-t-elle ?

Nous avons vu précédemment qu'un des reproches adressés tant à l'économie qu'à la sociologie était leur anthropocentrisme, c'est-à-dire leur focalisation sur le point de vue des humains sans réelle prise en compte du reste de la biosphère et de leur encastrement dans celle-ci. Dans le rapport qu'il a rendu au gouvernement belge en 2013 – intitulé *Les Sciences du développement durable pour régir la transition vers la durabilité forte* –, le philosophe Tom Dedeurwaeredere rappelle que les économistes conventionnels ont supposé que l'économie néoclassique, forte de ses modèles d'optimisation et de sa théorie du bien-être, était capable de produire des explications théoriques sur la manière d'évaluer et de résoudre les problèmes environnementaux. « Ces économistes, écrit-il, ont soutenu que la plupart des problèmes environnementaux étaient des anomalies que l'on pouvait corriger par des taxes ou par des marchés de permis négociables. Par conséquent, à leurs yeux, il est inutile de dépasser une vision du monde dans laquelle des agents rationnels maximisent leur utilité et les firmes maximisent leur profit. » Après avoir mis en évidence les impasses de cette position, le philosophe propose un programme de réforme qui viserait à organiser la recherche sur le développement durable sur un mode transversal, au-delà des limites des disciplines, des facultés et des universités.

On peut supposer que cette nécessité d'interdisciplinarité obligera les différentes disciplines à réinterroger leurs fondements et à revoir leurs articulations à la fois avec les autres sciences humaines et sociales mais aussi avec les sciences naturelles et physiques. On peut également penser que les étudiants ne supporteront plus longtemps la forme de schizophrénie qui leur est imposée lorsqu'ils se voient dispenser des cours d'économie, de sociologie et de gestion, d'une part, et des cours qui concernent les enjeux écologiques, d'autre part, dont les présupposés et les résultats apparaissent trop souvent en complète contradiction. Les disciplines et les sciences vont sans doute devoir repenser leurs présupposés, leurs principes, leurs articulations, leurs objets et leurs méthodes.

Une véritable révolution donc, semblable à celle que le philosophe Francis Bacon appelait de ses vœux dans le premier tiers du XVIIe siècle : un *Novum Organum* permettant de reconstruire toutes les sciences sur de nouvelles bases.

Avons-nous besoin que chaque science repense ses fondements, ses méthodes et son objet ou bien est-il souhaitable de construire une science interdisciplinaire nouvelle, qui surmonterait le grand partage entre sciences de la nature et sciences humaines et sociales et adopterait comme nouveau cadre l'inscription des humains dans la biosphère ? C'est ce que proposent les auteurs d'un article publié en juin 2023 et intitulé : « An interdisciplinary framework for navigating social-climatic tipping points [1] ». Ils affirment que le concept de points de basculement (ces seuils critiques qui, une fois atteints, conduisent à des changements de grande ampleur et irréversibles), fréquemment utilisé dans les sciences naturelles et de plus en plus dans les sciences sociales, peut devenir un cadre commun aux différentes sciences. Ils suggèrent que la notion de « points de basculement socio-

1. « An interdisciplinary framework for navigating social–climatic tipping points », *People and Nature*, vol. 5, n° 5, octobre 2023, p. 1445-1456.

climatiques » pourrait faire converger les recherches de scientifiques appartenant à différentes disciplines.

Trois autres évolutions sont suggérées par Tom Dedeurwaeredere, pour rendre les sciences plus solides dans leur appréhension du changement climatique. 1) Qu'elles puissent contribuer à résoudre des problèmes pratiques et orienter les sociétés pendant leur transition vers la durabilité forte ; 2) Qu'elles intègrent des valeurs éthiques (valeurs non quantifiables, valeurs culturelles, équité intergénérationnelle…) ; 3) Qu'elles s'ouvrent à la participation d'une « communauté élargie de pairs », composée non seulement de scientifiques mais aussi d'autres acteurs légitimes, à savoir toutes les personnes parties prenantes du problème, qui contribueront à assurer la qualité de la réflexion scientifique.

Transition écologique et emploi : le grand bouleversement

La transition écologique va-t-elle créer des emplois ?

La transition écologique, c'est-à-dire la transformation de notre système productif permettant une diminution radicale des émissions de gaz à effet de serre, aura nécessairement des effets sur l'emploi. De nombreuses entreprises actuellement très émettrices de gaz à effet de serre ou très consommatrices de ressources renouvelables vont en effet devoir opérer des changements d'ampleur dans leur système de production. Dès lors, un certain nombre d'entre elles – par exemple celles qui appartiennent au secteur de l'automobile, de la cimenterie, du raffinage, de la sidérurgie, de la production de pétrole, de charbon et de gaz, ou de l'aviation... – vont devoir revoir toute leur structure d'emplois pendant que d'autres devraient voir leur activité et leurs effectifs augmenter – par exemple celles qui produisent des éoliennes, des énergies renouvelables, celles qui contribuent à la rénovation thermique des bâtiments, fabriquent des panneaux voltaïques ou des vélos, mais aussi l'agriculture biologique, l'industrie ferroviaire... Toute la question est de savoir quel sera le solde d'emploi au terme de ce qu'il faut bien appeler un « processus de destruction créatrice ».

On se souvient que ce terme est employé par l'économiste Joseph Schumpeter, en particulier dans son livre *Capitalisme, socialisme et démocratie*[1]

1. Disponible en français chez Payot, 1990.

publié en 1942, pour désigner le mouvement permanent qui traverse l'économie et pousse au développement de nouvelles activités et à la suppression d'autres. Chez Schumpeter, le mouvement est principalement soutenu par les innovations qui révolutionnent en permanence les marchés. Dans le cas de la transition écologique, il s'agit plutôt d'adaptations rendues indispensables de la part des entreprises pour respecter de nouvelles normes ou de nouveaux goûts de consommateurs décidés à se passer de produits dont la fabrication est trop gourmande en énergies fossiles.

Un certain nombre de travaux de recherche ont été déployés en France et au niveau international pour tenter de comprendre si le solde d'un tel processus serait créateur ou destructeur d'emplois. Une des premières études françaises sur le sujet a été réalisée en 2013 par Philippe Quirion, chercheur au CIRED (Centre international de recherche sur l'environnement et le développement), qui avait déjà consacré sa thèse à ce sujet en 1999. L'article rendant compte de ses travaux est intitulé : « L'effet net sur l'emploi de la transition énergétique en France ».

Il s'appuie sur le scénario négaWatt, un scénario de transition énergétique publié en 2011 qui prévoit un développement massif des économies d'énergie (par le biais de mesures de sobriété et d'efficacité énergétiques) et des énergies renouvelables entre 2012 et 2050. Quirion calcule l'effet sur l'emploi de la mise en œuvre de ce scénario en comparaison avec un scénario tendanciel qui prolonge les évolutions récentes et prend en compte les politiques déjà décidées. Les résultats sont que la mise en œuvre du scénario négaWatt aboutit à un effet positif sur l'emploi, de l'ordre de plus 240 000 emplois équivalent temps plein en 2020 et plus 630 000 en 2030. L'explication principale de ce solde positif est que les secteurs qui devront réduire voire supprimer leurs activités demandent moins de main-d'œuvre que les secteurs à développer. Certes les hypothèses qui permettent d'aboutir à ce résultat sont nombreuses mais cette étude a pour intérêt de prendre en compte, contrairement à d'autres, l'effet négatif sur l'emploi du financement du surcoût des options plus créatrices d'emploi. L'étude aboutit donc au résultat suivant : selon les hypothèses, les créations d'emplois nettes vont de 220 000 à 330 000 en 2020 et de 570 000 à 820 000 en 2030 par rapport au scénario tendanciel.

Quelles prévisions d'emploi pour la transition écologique ?

Depuis 2000, France Stratégie et la DARES réalisent une prospective des métiers et des qualifications : ces exercices visent à dessiner les grandes tendances d'évolution de l'emploi par secteurs, métiers et niveaux de qualification afin d'alimenter la réflexion des décideurs publics dans l'élaboration de leurs politiques de formation et d'emploi. Un premier rapport, *L'Avenir des métiers*, a été publié en 2002, un deuxième en 2007 imaginait *Les Métiers en 2015*, un troisième *Les Métiers en 2022* et le dernier, publié il y a quelques mois, s'intitule *Les Métiers en 2030*. Ces prospectives sont réalisées à partir des scénarios macroéconomiques, des projections de population active et des projections d'emploi ajustées en fonction de la concertation avec les branches et des dires d'experts. Dans le dernier exercice, *Les Métiers en 2030*, le scénario de référence prévoyait qu'un million d'emplois seraient créés entre 2019 et 2030, dont deux tiers dans les services marchands. Une variante « stratégie bas-carbone » avait été pour la première fois introduite dans laquelle la construction et les activités immobilières permettaient la création de 126 000 emplois supplémentaires.

Mais il existe d'autres prospectives, construites sur des hypothèses différentes, et qui présentent des degrés dans le volontarisme politique et les investissements publics dans la transition écologique. Par exemple, l'Agence de la transition écologique, l'ADEME, a estimé qu'il serait possible de créer 600 000 emplois à l'horizon 2030, notamment dans la construction. Le WWF, le Fonds mondial pour la nature, a proposé trois scénarios – Tendanciel, Engagements actuels, Relance verte – qui prévoient des volumes de création d'emplois différents dépendants des investissements réalisés dans la transition écologique. Le scénario Relance verte fondé sur un investissement annuel supplémentaire de 14 milliards d'euros entre 2020 et 2023 prévoyait un surcroît de 1,8 million d'emplois à l'horizon 2030, les secteurs les plus dynamiques étant la rénovation thermique des bâtiments, les énergies renouvelables, les transports ferroviaires et en commun, les véhicules bas-carbone et le vélo.

Plus récemment, le think tank The Shift Project a produit un Plan de transformation de l'économie française qui, au contraire des autres prospectives, est le fruit d'un véritable volontarisme permettant à la France de basculer vers une société bas-carbone. Onze millions d'emplois actuels sont analysés, 4 millions étant plus particulièrement concernés par la décarbonation. Selon cette prospective, 300 000 emplois devraient être créés à l'horizon 2050, représentant le solde entre la destruction de 1,1 million d'emplois et la création de 800 000 autres. Les principales différences d'avec les autres instituts sont intéressantes à observer : il y a plus de destructions d'emplois que dans d'autres prospectives en matière de logement parce que les emplois créés dans la rénovation thermique sont moins nombreux que ceux qui sont détruits par le considérable ralentissement, voulu, de la construction neuve. En effet, The Shift Project considère qu'il est essentiel de freiner et même de stopper la construction de maisons individuelles (hors démolition et reconstruction) et de rediriger les compétences vers la rénovation. Celle-ci devrait concerner un million de logements par an. Par ailleurs, selon cette prospective, l'industrie automobile perdra 300 000 ETP pendant que l'agriculture en gagnera 500 000 grâce notamment à la relocalisation du maraîchage et au développement des pratiques agro-écologiques.

On le voit, le nombre d'emplois créés et détruits dépend étroitement de multiples facteurs : l'investissement financier consenti, mais également le volontarisme dont feront preuve les pouvoirs publics dans la réorientation de l'économie, sans parler de la coordination des différents acteurs et de la capacité à former et reconvertir les compétences.

Comment anticiper les reconversions de la transition écologique ?

La France a dû faire face à de nombreuses reprises à des restructurations de son économie. Sans remonter à la révolution industrielle, il n'est que de songer à la crise de la sidérurgie ou du textile dans les années 1970 et 1980 qui ont malheureusement entraîné la mise au chômage ou en pré-retraite de beaucoup de personnes. Notre pays n'a pas vraiment été capable d'organiser l'anticipation de ces mouvements de main-d'œuvre et les reconversions nécessaires. Plus récemment, au début des années 2000, un Fonds européen d'ajustement à la mondialisation en faveur des travailleurs licenciés avait été mis en place pour aider les travailleurs salariés et indépendants confrontés à une restructuration à retrouver un emploi. Il n'a concerné que quelques grands groupes ayant engagé des plans sociaux de masse.

Il s'agit donc désormais d'anticiper la réduction d'effectifs et la transformation des méthodes de production des nombreuses entreprises confrontées à l'obligation de diminuer drastiquement leurs émissions de gaz à effet de serre. Et d'éviter que le poids de ces ajustements ne repose exclusivement sur les salariés et travailleurs des entreprises et des secteurs concernés. C'est la raison pour laquelle depuis 2009, syndicats et associations soutiennent l'idée d'une transition juste. C'est la Confédération syndicale et internationale qui a développé et proposé ce concept à l'ONU en défendant l'idée que la question sociale devait faire partie intégrante du déploiement d'une économie verte et qu'il était notamment indispensable de consulter tous les acteurs concernés et de former les travailleuses et travailleurs aux nouvelles compétences requises par la transition vers une économie zéro carbone. En 2015, l'Organisation internationale du travail publiait ses « Principes directeurs pour une transition juste vers des économies et des sociétés écologiquement durables pour tous ».

Mais la mise en œuvre de tels principes est tout sauf simple : il faut d'abord identifier les entreprises concernées puis cartographier les compétences des salariés impliqués. Il faut ensuite savoir quels emplois vont être développés, dans quels lieux et dans quelle quantité puis organiser l'apprentissage des compétences nouvelles nécessaires à l'exercice d'un métier existant ou nouveau pour les salariés concernés. Cela nécessite une ingénierie très précise, la coordination de différents acteurs au niveau des territoires concernés, une collaboration étroite entre les entreprises, les salariés, les instituts de formation, les branches. Il existe aujourd'hui de nombreux plans à l'échelle territoriale qui peuvent aider à cette transformation : par exemple les SRCAE (schémas régionaux climat air energie) et les PCET (plans climat énergie territoriaux).

Par ailleurs, pour l'instant, les institutions censées aider à la gestion de ces transitions restent… les agences de Pôle emploi (désormais France Travail). Si les reconversions ne sont pas suffisamment anticipées, les travailleuses et travailleurs concernés seront en effet pris en charge par Pôle emploi. C'est pour éviter ce qui constitue une perspective susceptible de rendre la transition écologique peu désirable qu'un collectif composé d'associations et de syndicats avait proposé au Royaume-Uni dans la première décennie des années 2000 la démarche One Million Climate Jobs. Elle consistait à mettre en place des institutions accueillant les salariés des entreprises menacées, opérant un diagnostic de leurs compétences, les formant puis les remettant immédiatement au travail dans un service public du climat, dans des activités telles que la rénovation thermique, les transports en commun ou les énergies renouvelables. Nous allons voir que les innovations sociales de cette sorte sont très insuffisantes.

Quelle programmation des emplois et des compétences dans la transition écologique

En 2018, une lettre signée par quatre ministres confiait à Laurence Parisot, l'ancienne présidente du MEDEF, le Mouvement des entreprises de France, le pilotage de la mission d'élaboration du Plan de programmation des emplois et des compétences. La lettre de mission rappelait que la loi du 17 août 2015 relative à la transition énergétique pour la croissance verte « engage l'État à élaborer, en concertation avec les partenaires sociaux et les collectivités territoriales, un "plan de programmation des emplois et des compétences" tenant compte des orientations fixées par la programmation pluriannuelle de l'énergie. Ce plan indique les besoins d'évolution en matière d'emploi et de compétences sur les territoires et dans les secteurs professionnels au regard de la transition écologique ». Ce Plan de programmation des emplois et des compétences devait selon le Plan Climat être publié en 2018.

La mission dirigée par Laurence Parisot rendra son rapport en février 2019. Il concerne trois secteurs : l'énergie, le bâtiment et les transports. Il s'agit d'un rapport très intéressant, qui n'a malheureusement pas eu de suite. Dans un premier moment, le rapport cherche à circonscrire le périmètre des emplois de la transition énergétique et à évaluer le nombre de ceux-ci. Différentes estimations aux périmètres non concordants sont présentées de même que l'ensemble des estimations des créations ou des destructions d'emploi estimées par les modèles existants. Le rapport rappelle qu'il n'existe pas en France de modélisation macro-économique capable de prendre en compte la dimension compétences d'un marché de l'emploi alors qu'en Norvège par exemple, des modèles permettent de faire des simulations en fonction de quatre niveaux d'éducation et d'estimer la demande de travail par industrie croisée par niveau d'éducation.

L'un des points importants du rapport est que la transition énergétique créera peu de métiers radicalement nouveaux mais conduira à une évolution du contenu de nombreux métiers existants ainsi qu'à de nouvelles façons de travailler. Quatre catégories de métiers sont en train d'évoluer profondément : le conseiller énergie, l'économe de flux, l'agrégateur et l'ingénieur en génie des matériaux. Mais à côté de ces nouveaux métiers, l'ampleur des évolutions de compétences dans les métiers existants sera spectaculaire. Quatre dimensions nouvelles seront notamment essentielles dans toutes les entreprises : la sensibilisation des administrations, des entreprises et de leurs salariés à la transition énergétique ; le développement des pratiques d'éco-conception et l'attention portée au cycle du produit ; la mise en commun et la coordination des compétences ; la convergence transition énergétique/transition numérique.

Le rapport s'attarde ensuite sur la question essentielle des transferts de compétences : rappelant qu'il y aura des destructions et des créations d'emploi, il insiste sur le fait que ces processus ne seront pas nécessairement simultanés et que les ajustements ne se feront évidemment pas de manière automatique : des outils tels que les CV de site doivent être pleinement mobilisés. Cet outil permet d'évaluer les compétences d'un collectif de travail, d'un site de production, d'un bassin d'emploi pour les valoriser auprès d'autres partenaires et organiser la reconversion professionnelle.

Le rapport entre ensuite dans le détail des emplois à reconvertir dans les trois secteurs de l'énergie, du bâtiment et des transports. Il rappelle notamment que le marché de la rénovation est loin d'être un marché mature, que tous les corps de métier du bâtiment doivent intégrer de nouveaux savoir-faire et que de nouveaux métiers tels que celui de conseiller énergétique devraient se développer, comme en Allemagne.

En 2024, le secrétariat général à la Planification écologique a publié un document mettant en évidence que huit millions d'emplois allaient être concernés par la transition écologique et que les créations nettes d'emploi seraient comprises entre 200 000 et 550 000. La plupart des besoins de créations d'emplois se trouvent dans des secteurs qui éprouvent déjà de fortes tensions de recrutement. Pour répondre au défi de la planification écologique et du renouvellement générationnel, il conviendra de former plus de 2,8 millions de personnes d'ici 2030 dans les secteurs prioritaires, dont 90 % d'employés et d'ouvriers, indique le document.

Les affres de la reconversion écologique

Trois études parues récemment font le point sur le caractère urgent et insuffisant du processus d'anticipation et d'accompagnement des reconversions rendues nécessaires par la transition écologique.

En juin 2021, une étude intitulée « Automobile : notre scénario pour une transition juste » était publiée par la Fondation pour la nature et l'homme et la CFDT. En introduction, les commanditaires rappelaient que face au risque réel de désindustrialisation, accélérer la transition écologique du secteur automobile est le plus sûr moyen de maintenir la production en France. Depuis dix ans, 100 000 emplois ont été supprimés dans l'ensemble de la filière automobile, en raison notamment des délocalisations et une saignée identique pourrait se produire d'ici 2035, date de la fin de la vente des véhicules thermiques neufs en Europe. L'étude propose un scénario qui prend résolument le tournant du véhicule électrique et qui permet d'afficher 33 % d'emplois supplémentaires en 2050 par rapport au scénario tendanciel. Il s'agit de restructurer l'appareil productif autour de l'électromobilité dans une optique de réindustrialisation et de produire 2,3 millions de moteurs en France en 2030. Mais cela suppose notamment de faire en sorte que tous les salariés accèdent dès maintenant aux dispositifs de formation et de reconversion et de conditionner les aides au secteur à des critères sociaux et écologiques.

En septembre 2022, l'Institut Veblen et le Réseau Action Climat publiaient une étude intitulée « Emploi et climat. Relever le défi des reconversions. Le cas du charbon français ». Analysant le comportement des entreprises charbonnières menacées de fermeture, les auteurs mettent en évidence le fait que tant que la contrainte ne s'impose pas aux entreprises, à travers une nouvelle norme, réglementation ou interdiction, elles ne voient pas de réel intérêt à investir le champ de l'adaptation des compétences et de l'éventuelle reconversion de leurs effectifs salariés. L'exercice de la gestion prévisionnelle des emplois et des compétences (GPEC) semble n'être une réalité que pour certains grands groupes en ayant les moyens (financiers et humains) et ayant historiquement vécu des périodes difficiles qui les ont poussés à déployer cette politique de GPEC. Il y a donc bien une responsabilité y compris des pouvoirs publics, aussi bien au niveau national que régional et pour les bassins d'emplois, à donner cette visibilité aux entreprises à travers la planification écologique. Les enjeux de développement des compétences et de reconversion des salariés doivent être sérieusement intégrés à la fois aux exercices d'élaboration de la stratégie nationale bas-carbone et de la programmation pluriannuelle de l'énergie au niveau national – avec un Plan de programmation des emplois et des compétences qui y soit adossé –, aux schémas régionaux d'aménagement, de développement durable et d'égalité des territoires (SRADDET) au niveau régional et aux plans climat-air-énergie territoriaux (PCAET) au niveau territorial. Les auteurs rappellent également que les salariés concernés prennent rarement eux-mêmes l'initiative d'une reconversion et que les ouvriers et employés non qualifiés ont deux fois moins de chances que les cadres de retrouver un CDI après leur reconversion.

Enfin, une étude réalisée en mars 2022 par les Amis de la terre, l'Institut Veblen et l'Institut Rousseau sur les entreprises pétrolières et gazières, intitulée « Pour une transition juste : visions et attentes des travailleurs du secteur pétrolier et gazier en France », a montré que les salariés de ces entreprises avaient une forte conscience des effets du changement climatique et des politiques de lutte contre celui-ci sur leur emploi. Près de 80 % des répondants se disent prêts à se reconvertir hors du secteur pétrolier et gazier, une forte majorité de ceux-ci affichant un grand intérêt pour une reconversion dans d'autres secteurs de l'énergie. Les interviewés évoquent de nombreux freins à leur reconversion, en particulier le manque de formations. Deux tiers des répondants estiment que les pouvoirs publics (État et régions) n'agissent pas suffisamment pour leur secteur.

En 2024, le secrétariat général à la Planification écologique a établi une vaste cartographie géographique et sectorielle des transformations de l'emploi à anticiper pour réussir la transition écologique. Il reste maintenant à organiser sa mise en œuvre.

Comment faire concrètement la transition écologique ?

Les obstacles qui se dressent sur le chemin de la transition écologique sont multiples. Quelles contradictions nous faut-il résoudre ? Quelles décisions faut-il prendre pour la réussir ? Pourquoi la planification est-elle nécessaire ? Pourquoi l'objectif de zéro artificialisation nette est-il essentiel ? Pourquoi devons-nous, alors que la crise avec les agriculteurs reste ouverte, mettre en œuvre des mesures et des clauses miroirs ? Pourquoi la transition écologique est-elle métallivore ? Et enfin, comment rendre les mobilités durables ? Autant de questions essentielles dont nous devons connaître les tenants et les aboutissants et les résultats fournis par la science, pour prendre les bonnes décisions.

Pourquoi la planification est-elle nécessaire ?

Dans une note passionnante, intitulée « La Planification : idée d'hier ou piste pour demain ? » publiée le 17 juin 2020, Daniel Agacinski et ses collègues de France Stratégie rappelaient la genèse et les avatars de la planification à la française. C'est au sortir de la Seconde Guerre mondiale, en juin 1946, qu'est créé le Commissariat général au Plan (CGP), dont Jean Monnet prend la direction. Le général de Gaulle a suivi les recommandations que ce dernier a faites dans un mémorandum rendu en juin 1945. Selon celui-ci, le plan doit permettre d'accélérer la reconstruction de l'économie française tout en créant les conditions de sa modernisation.

Cherchant à comprendre les fondements de cette planification à la française, la sociologue Marie-Laure Djelic défend l'idée que Monnet a été inspiré par le New Deal américain et que le CGP plonge ses racines dans l'économie de guerre tout en devenant la première institution keynésienne française. Il s'agit en effet, comme en temps de guerre, d'organiser la production en définissant les priorités liées à l'urgence, mais aussi de développer un appareil économique répondant à de nouveaux standards. Des commissions de modernisation réunissent différents acteurs, patronaux, syndicaux, administratifs, experts pour coordonner la production. Les partenaires sociaux occupent une place essentielle dans cette définition d'un horizon souhaitable. « Le plan établit la hiérarchie des urgences et des importances », écrit le général de Gaulle dans ses *Mémoires*[1], rappelant qu'il s'agit d'une ardente obligation. Sous l'impulsion de Jacques Delors, chef du service des affaires sociales du CGP de 1962 à 1969, le Plan intègre dans ses travaux les questions relatives à la qualité de vie.

En 2006, le CGP est transformé en Centre d'analyse stratégique puis en 2013 en France Stratégie. Depuis la fin des années 1990, la planification ne fait en effet plus recette. Certes, il existe des lois de programmation sectorielles, un programme d'investissement d'avenir, des schémas départementaux et régionaux, une stratégie nationale bas-carbone, et même depuis 2020 un Haut-Commissariat au Plan. Comme l'écrivent les rédacteurs de la note déjà citée, il n'y a jamais eu autant de plans que depuis qu'il n'y a plus de Plan. Mais cela pose évidemment la question de la coordination et de l'articulation de tous ceux-ci.

1. Charles de Gaulle, *Mémoires*, Gallimard, « Pléiade », 2000.

Lors de son discours de Marseille, durant la campagne présidentielle, le candidat Emmanuel Macron a fait un vibrant éloge de la planification écologique. Dès son arrivée à Matignon en 2022, la Première ministre Élisabeth Borne a acté la création du secrétariat général à la Planification écologique, chargé d'assurer la cohérence et le suivi des politiques à visée écologique.

C'est un réel progrès. La transition écologique ne pourra en effet pas s'opérer sans une vision d'ensemble, un plan sur vingt ans, une trajectoire de réduction des émissions, des moyens de contrôler le respect des objectifs et de redresser la barre, une programmation des investissements nécessaires, des reconversions à engager, des transformations à anticiper et accompagner. Le secrétariat général à la planification écologique développe désormais des COP régionales pour écouter les acteurs régionaux et décliner ses actions. Son action est essentielle. Elle demande néanmoins à être considérablement étendue et renforcée si l'on veut que la réduction de notre empreinte carbone s'opère de façon coordonnée et sans révolution sociale. Outre le retour d'une planification nationale articulée au niveau européen et au niveau local, nous avons aussi clairement besoin d'un retour de l'aménagement du territoire, d'une programmation des relocalisations, d'un séquençage des investissements. Bref, nous avons besoin d'un plan d'ensemble permettant d'engager les actions urgentes et celles de long terme et de mettre en cohérence les interventions de l'État et du secteur privé. Nous avons besoin d'un Plan.

Pourquoi devons-nous respecter l'objectif du ZAN : zéro artificialisation nette ?

Chaque année en France métropolitaine, plus de 20 000 hectares sont artificialisés. La loi Climat et résilience a fixé un objectif ambitieux, le « zéro artificialisation nette » (ZAN) en 2050, avec, pour y parvenir, un seuil intermédiaire de réduction de 50 % de ce rythme d'ici 2031. Pourquoi tenir cet objectif est-il essentiel ?

Il nous faut d'abord comprendre de quoi nous parlons : qu'est-ce donc que l'artificialisation ? La loi la définit comme « l'altération durable de tout ou partie des fonctions écologiques d'un sol, en particulier de ses fonctions biologiques, hydriques et climatiques, ainsi que de son potentiel agronomique par son occupation ou son usage ». Nous avons tendance à l'oublier parce que nous vivons de plus en plus littéralement « hors sol », sans contact avec celui-ci, mais le sol est à la fois le support et le produit du vivant, il est la partie vivante de la géosphère et il remplit d'innombrables fonctions indispensables à la vie sur terre. L'artificialisation des sols affecte durablement et parfois irréversiblement leurs fonctions.

L'artificialisation des sols contribue notamment à l'effondrement de la biodiversité en rendant certains espaces inhabitables pour de nombreuses espèces. Elle réduit également notre souveraineté alimentaire : alors que les sols agricoles ne représentent que 49 % des espaces naturels, forestiers et agricoles, l'artificialisation s'est effectuée à plus de 80 % sur des espaces agricoles. Elle altère aussi les fonctions écologiques et biochimiques du sol, notamment le stockage de carbone, l'infiltration des eaux ainsi que les mécanismes biochimiques de dépollution. Enfin, elle s'accompagne généralement d'un processus d'étalement urbain qui permet l'augmentation des déplacements, du trafic routier et donc des émissions de gaz à effets de serre et des polluants toxiques pour la santé.

Qu'est-ce qui provoque l'artificialisation ? Dans une note passionnante[1], France Stratégie indique

1. https://www.strategie.gouv.fr/actualites/objectif-zero-artificialisation-nette-sols

que, sur les vingt dernières années, 63 % de ce processus a été alimenté par la construction de logements, le reste l'étant par le développement de zones d'activités et d'infrastructures. De façon encore plus précise, l'étude montre que la consommation d'espaces naturels, agricoles et forestiers, semble plus liée à la somme de petits projets dans des communes rurales qu'à de grands projets en milieu urbain.

Le besoin en logements s'explique, comme le mettent en évidence plusieurs études, par la croissance du nombre de ménages, elle-même nourrie par l'augmentation de la population et la réduction de la taille des ménages. En effet, le vieillissement de la population et le phénomène de décohabitation contribuent à faire décroître le nombre de personnes par ménage. Le processus est aggravé par la tendance à la périurbanisation qui s'explique tout à la fois par la cherté des logements dans les grands centres urbains, l'attraction du pavillon individuel et l'éloignement domicile-travail. À cela s'ajoute l'augmentation du nombre de résidences secondaires.

Afin d'endiguer ce processus d'artificialisation des sols, la loi a donc arrêté une cible précise : au niveau national, le ZAN doit être atteint en 2050, et chaque région métropolitaine (hors Île-de-France et Corse) doit réduire sa consommation d'espaces naturels, agricoles et forestiers de moitié entre 2021 et 2031 par rapport à la décennie précédente. Le respect de ces objectifs va évidemment obliger les régions à des arbitrages drastiques, d'autant plus douloureux qu'elles ne sont pas toutes soumises aux mêmes pressions. L'étude de France Stratégie suggère plusieurs pistes pour y parvenir : une consommation moindre d'espaces par logement et une réduction des besoins en logements en limitant les résidences secondaires et occasionnelles ainsi qu'en luttant contre la vacance. Mais l'ambition de réindustrialiser la France et de développer de nouvelles infrastructures de transport devrait se traduire par un besoin accru de foncier. Cela risque de rendre les conflits d'usage plus nombreux et les décisions de politiques publiques très délicates. Pour l'instant, les engagements des régions ne semblent pas privilégier, selon France Stratégie, des scénarios de rupture.

Pourquoi les clauses et les mesures miroirs sont-elles nécessaires ?

Depuis plusieurs années, un certain nombre de personnalités, d'ONG, d'associations, de think tanks – parmi lesquels l'Institut Veblen – attirent l'attention sur les risques de concurrence déloyale que comportent les échanges commerciaux, en particulier ceux qui sont organisés par les grands accords. En effet, trop souvent, les produits importés sont fabriqués en respectant des normes environnementales, sanitaires et sociales beaucoup moins sévères que celles en vigueur dans notre pays, ce qui constitue pour les producteurs français un handicap compétitif et une forme de dumping social exercé à leur encontre. Celles et ceux qui veulent s'attaquer à ce problème proposent d'imposer aux pays tiers les mêmes règles et normes que celles qui sont exigées en France et en Europe. Les clauses miroirs s'appliquent dans le cadre des accords de libre-échange avec les pays partenaires de l'accord alors que les mesures miroirs sont incluses dans la législation européenne pour appliquer les standards européens à l'ensemble des produits importés venant de pays tiers.

L'Institut Veblen, la Fondation pour la nature et l'homme et Interbev ont publié au mois de mars 2023 un important rapport intitulé « Pourquoi est-il urgent de mettre en place des mesures miroirs[1] ? ». Depuis plusieurs années, les trois

1. https://www.veblen-institute.org/IMG/pdf/hd_rapport_agriculture_mm-2.pdf

organisations accumulent les arguments mettant en évidence que les mesures miroirs sont un outil essentiel à la fois pour préserver le climat, la biodiversité et la santé de tous (notamment vis-à-vis des pesticides les plus nocifs) et pour stopper la concurrence déloyale qui étouffe le monde agricole. Le rapport pointe le fait que la multiplication des accords de commerce établis par l'UE ces dernières années, comme le CETA (Comprehensive Economic and Trade Agreement) avec le Canada ou le récent accord avec la Nouvelle-Zélande, accentue d'autant plus cette concurrence déloyale. Ils facilitent les exportations de pesticides interdits et l'entrée sur le marché de denrées agricoles produites selon des normes environnementales ou sanitaires moins exigeantes qu'en Europe. Une tendance qui devrait encore se renforcer à mesure que de nouveaux accords sont signés, comme avec le Chili ou le Mexique, ou toujours en cours de négociation, avec les pays du Mercosur, le Marché commun du Sud, ou l'Australie.

Depuis les années 1970, le système agricole et alimentaire a subi de profondes mutations, pour s'internationaliser à son tour, avec une forte spécialisation agricole, parfois à l'échelle de pays entiers. En parallèle de cette spécialisation, l'agriculture d'après-guerre s'est également industrialisée, entraînant une multiplication d'effets néfastes pour le climat, la biodiversité et la santé des populations. L'un des enjeux du XXIe siècle est donc de continuer à construire un système durable permettant d'assurer la sécurité alimentaire de la population mondiale tout en préservant les ressources naturelles et en luttant contre le dérèglement climatique et l'effondrement de la biodiversité.

Le Pacte vert européen qui vise la neutralité carbone en 2050 s'est traduit en matière agricole par un certain nombre d'objectifs concernant notamment la réduction de l'usage des pesticides et de la pollution des sols ou la lutte contre l'antibiorésistance. Sur la plupart de ces points, l'application de la législation européenne engendre une différence de traitement significative entre les denrées agricoles produites au sein de l'UE et celles qui sont importées. Les mesures miroirs permettraient à l'UE de remettre en cohérence sa politique commerciale avec ses politiques agricoles et environnementales, afin que les filières européennes puissent poursuivre leur transition agroécologique. Le gouvernement français semble enfin s'intéresser à ce dispositif, même si son application est délicate car ces mesures devront être compatibles avec les règles de l'Organisation mondiale du travail (OMC) et être justifiées sur la base d'arguments scientifiques, ce qui exige non seulement des contrôles mais aussi l'accès aux méthodes de production dans les pays étrangers. Il s'agit d'un chantier essentiel pour les années à venir.

Pourquoi la transition énergétique est-elle métallivore ?

Selon l'Agence internationale de l'environnement (2021), le respect des accords de Paris et la limitation du réchauffement climatique mondial en dessous de 2 degrés par rapport aux températures préindustrielles à l'horizon 2100 pourraient représenter une multiplication par quatre de la consommation actuelle de minerais (lithium, cobalt, nickel, cuivre, aluminium, graphite, etc.), en particulier pour alimenter les batteries des véhicules électriques, les piles à combustible, les éoliennes, les panneaux photovoltaïques, les ordinateurs. La transition bas-carbone et numérique devrait être extrêmement gourmande en métaux et minerais. Une équipe de recherche du National Science Museum a par exemple calculé que pour convertir à l'électrique tout le parc de véhicules de l'Angleterre, il faudrait l'équivalent de deux fois la production mondiale actuelle de cobalt, les trois quarts de la production mondiale de lithium, et la moitié de la production mondiale de cuivre. L'Union européenne a qualifié l'ensemble de ces minerais et métaux de matériaux critiques parce que sa dépendance à l'égard des pays étrangers est extrêmement forte et que la sécurité des approvisionnements constitue un élément stratégique essentiel. Plusieurs questions se posent : comment protéger les approvisionnements en matériaux critiques ? Faut-il ouvrir des mines en Europe ? Face aux immenses défis que représentent ces deux premières questions, le recours à plus de sobriété ne s'impose-t-il pas ?

Le règlement européen sur les matériaux critiques (CRMA) qui a été adopté en mars 2024 par l'Union européenne vise à réduire la dépendance de la zone aux fournisseurs extérieurs de minerais et métaux critiques, notamment la Chine, et à améliorer la résilience du secteur industriel face aux risques de rupture d'approvisionnement. Il cible l'ensemble de la chaîne de valeur – de l'exploitation du potentiel d'extraction au recyclage en passant par le (re)développement du raffinage et de la transformation de minerais sur le sol européen – et ambitionne de diminuer les impacts environnementaux et sociaux de la production de métaux critiques et d'en améliorer la circularité. Il reconnaît trente-quatre matières premières critiques et dix-sept matières premières stratégiques regroupant les matériaux « importants pour les technologies qui contribuent à la double transition verte et numérique et aux objectifs en matière de défense et d'aérospatiale ».

Les travaux d'Emmanuel Hache et Émilie Normand sur ce sujet, notamment disponibles sur le site de l'Institut Veblen, reviennent sur les objectifs arrêtés par l'UE et sur la difficulté de les atteindre. En effet, le règlement affiche l'ambition d'augmenter l'extraction des minerais critiques de 10 %, le raffinage de 40 % et le recyclage de 25 % sur le territoire européen. Plusieurs obstacles de taille risquent de rendre ces objectifs difficilement accessibles. D'abord l'Europe a fermé la plupart de ses mines et n'a pas de réserves suffisantes dans son sous-sol pour de nombreux métaux (antimoine, borate, graphite, manganèse, tantale, etc.). Ensuite, il y a des délais incompressibles entre la première exploration et la première production commercialisée d'une mine. De plus, la revitalisation de l'industrie minière européenne nécessitera des financements importants. Or les projets miniers ne sont pas intégrés à la taxonomie européenne sur les investissements bas-carbone et ne bénéficient pas non plus d'un budget spécifique qui leur serait dédié – à la différence des États-Unis qui ont ainsi envoyé un signal fort au travers de l'Inflation Reduction Act (IRA). Enfin et surtout, à l'image passéiste et négative qu'a déjà le secteur minier dans beaucoup de pays européens s'ajoutent les impacts environnementaux des activités d'extraction et de transformation qui risquent de provoquer une opposition des populations locales de grande ampleur. Dans son ouvrage *La Ruée minière au XXIe siècle*[1], Celia Izoard rend visibles les contradictions d'une transition écologique bas-carbone centrée sur la réouverture des mines.

Si nous avons en effet besoin de protéger nos approvisionnements et peut-être d'ouvrir, en respectant des conditions très strictes, des mines en Europe, la sobriété de nos usages apparaît de façon évidente comme une des premières réponses à mobiliser.

Comment rendre les mobilités durables ?

Les transports représentent aujourd'hui 30 % des émissions de gaz à effet de serre françaises dont plus de la moitié est causée par les véhicules particuliers. Elles continuent à augmenter. Décarboner les mobilités est un enjeu majeur mais très complexe.

1. Celia Izoard, *La Ruée minière au XXIe siècle. Enquête sur les métaux à l'ère de la transition*, Seuil, 2024.

La décarbonation des mobilités ne sera pas seulement bonne pour le climat. Elle le sera aussi pour notre santé et pour notre bien-être. En effet, côté santé, en France environ 40 000 morts prématurées sont dues aux particules fines, et 7 000 aux oxydes d'azote. Côté bien-être, la plupart d'entre nous savent combien les embouteillages sont devenus insupportables et les longs trajets domicile-travail en voiture harassants.

Mais il s'agit d'une opération complexe. D'abord parce que la voiture, symbole majeur de la civilisation moderne, longtemps considérée comme l'instrument de la liberté, est devenue indispensable pour de nombreuses personnes et de multiples activités. Pour le travail, pour accompagner les enfants, pour les loisirs. Ensuite, parce que les alternatives ne sont pas toutes à la hauteur. Les experts parlent de « report modal » : il s'agit d'inciter les personnes à recourir, plutôt qu'à la voiture, trop souvent utilisée en solo, au co-voiturage, au train, au bus, au tramway, au vélo, à la marche. Mais certaines de ces solutions sont parfois plus chères que la voiture, ne sont pas appropriées ou ne sont pas disponibles sur l'ensemble des points du territoire. Je conseille vivement la lecture des travaux du Forum Vies Mobiles – au conseil scientifique duquel j'appartiens – qui réalise des études passionnantes sur ces questions et qui montre, grâce à des travaux de recherche de qualité, les innombrables avantages des alternatives à la voiture.[1]

Outre les nouveaux modes de déplacement doux bien connus, le Forum Vies mobiles a aussi soumis à examen d'autres solutions : le rétrofit (le fait de remplacer le moteur thermique d'un véhicule par un moteur électrique ou hybride) et la voiture électrique notamment. Avec celle-ci, nous dit-on, on garderait les avantages de la voiture individuelle sans les inconvénients. Le débat fait rage sur cette question. Cédric Philibert explique dans *Pourquoi la voiture électrique est bonne pour le climat*[2] que certes, nous aurons besoin d'un énorme volume de minerais (cuivre, cobalt, nickel, lithium, etc.) et de beaucoup d'électricité pour remplacer peu à peu notre parc de voitures thermiques par des voitures électriques et d'une manière générale pour électrifier l'ensemble des secteurs, mais que les réserves mondiales le permettent. D'autres auteurs sont en désaccord avec ce dernier point et considèrent que nous n'aurons pas assez de minerais et d'électricité pour faire fonctionner un nombre de voitures encore plus

1. https://forumviesmobiles.org/

2. Cédric Philibert, *Pourquoi la voiture électrique est bonne pour le climat*, Les Petits Matins, 2024.

élevé qu'aujourd'hui et ce d'autant que le poids et la taille des véhicules électriques actuels augmentent sans cesse et que le nombre de personnes souhaitant acquérir un véhicule risque d'aller croissant.

Ce qui semble clair, c'est que le parc actuel va rester longtemps composé de véhicules thermiques même si les immatriculations de véhicules neufs thermiques cesseront en 2035, car les véhicules d'occasion pourront continuer à rouler. Il paraîtrait très raisonnable, d'une part, de faire en sorte que tous les nouveaux véhicules, qu'ils soient thermiques ou électriques, soient légers (800 kilos maximum) – car un véhicule léger est beaucoup moins émetteur de gaz à effet de serre, que la vitesse sur les routes diminue fortement – pour les mêmes raisons – et que le parc diminue de taille autant que possible, grâce à un report sur tous les autres moyens de déplacement décarbonés.

Cela suppose des politiques publiques déterminées, aidant les consommateurs à faire les bons choix, les incitant à acheter des véhicules légers et limitant la vitesse sur les autoroutes à 110 kilomètres à l'heure, deux mesures que la Convention citoyenne pour le climat avait proposées. Si de surcroît ces véhicules légers pouvaient être construits en France, dès lors qu'il a été montré que le coût de production français n'est pas supérieur à celui d'autres pays[1], nous aurions sans doute franchi un grand pas en matière de transition écologique et sociale.

1. https://www.fnh.org/produire-citadines-electriques-france/

Remerciements

Je voudrais avant tout remercier Sandrine Treiner qui, lorsqu'elle dirigeait France Culture, a bien voulu me confier la réalisation des chroniques « Le pourquoi du comment » sur l'économie et le social et qui les édite aujourd'hui.

Tous mes remerciements également à la formidable équipe de France Culture qui m'a accompagnée de façon très professionnelle durant ces années : Corinne Amar, Clotilde Pivin et Virginie le Duault.

Un grand merci enfin à Sophie de Lombarès pour sa relecture érudite et rigoureuse.

Table

Imprimé en France par CPI
en mars 2025

NORD COMPO
multimédia

Composition et mise en pages
Nord Compo à Villeneuve-d'Ascq

Dépôt légal : janvier 2025
N° d'édition : 664730-1
N° d'impression : 183764